_____ 님의 소중한 미래를 위해

이 책을 드립니다.

갈등경제

갈등경제

갈등이 경제를 이끄는 시대의 투자법

박상현 지음

메이트북스

메이트북스 우리는 책이 독자를 위한 것임을 잊지 않는다.
우리는 독자의 꿈을 사랑하고,
그 꿈이 실현될 수 있는 도구를 세상에 내놓는다.

갈등 경제

초판 1쇄 발행 2024년 6월 14일 | **지은이** 박상현
펴낸곳 (주)원앤원콘텐츠그룹 | **펴낸이** 강현규·정영훈
편집 안정연·신주식·이지은 | **디자인** 최선희
마케팅 김형진·이선미·정채훈 | **경영지원** 최향숙
등록번호 제301-2006-001호 | **등록일자** 2013년 5월 24일
주소 04607 서울시 중구 다산로 139 랜더스빌딩 5층 | **전화** (02)2234-7117
팩스 (02)2234-1086 | **홈페이지** matebooks.co.kr | **이메일** khg0109@hanmail.net
값 18,500원 | **ISBN** 979-11-6002-892-8 03320

주식투자의 성공은 비밀 공식이나 컴퓨터 프로그램,
각 종목과 주식시장의 가격이 보내는 신호에 좌우되지 않는다.
그보다는 주식시장의 전염성 강한 감정에 지배되지 않는 사고방식과 행동방식을 갖추고,
이와 더불어 훌륭한 판단력을 갖춘 투자자가 성공을 거둘 것이다.

• 워런 버핏(버크셔 해서웨이 CEO) •

증권사 이코노미스트가
피크 코리아 리스크를 고민하게 된 이유

2021년 『테크노믹스 시대의 부의 지도』라는 책을 발간한 지 3년 만에 세상의 새로운 변화 추세를 알리고자 또다시 글을 쓰게 되었다. 3년 전 팬데믹 이후 펼쳐진 세상의 급격한 변화는 생각보다 빠르게 경제와 산업의 변화를 유발하고 있다. 기술이 경제를 견인한다는, 당시에는 다소 생소했던 테크노믹스(기술+경제) 시대는 성큼 우리 앞에 다가선 느낌이다.

그러나 긍정적 변화도 있었지만 예상치 못한 각종 갈등 요인이 잇따라 출현하면서 세계 경제 흐름은 더욱 종잡기 어려운 상황에 내몰리고 있다. 팬데믹발 경제 충격을 극복하기 위한 미국 등 주요국의 막대한 유동성은 이제는 감당하기 어려운 부채로 돌변했다. 특히 영원히 낮은 수준에서 벗어나지 못할 것만 같았던 물가와 금리는 어느새 각종 인플레이션 신조어를 등장시킬 정도로 우리의 삶을 힘들게 하고 있다. 더 이상 저물가-저금리 환경이 아닌 최소한 중물가-중금리 환경에서의 경제 활동이 필요한 새로운 뉴노멀 시대에 진입했다.

각종 갈등도 봉합되기보다는 보이는 전쟁 혹은 보이지 않는 전쟁으로 갈등이 진화되고 있다. 문제는 갈등이 세계 경제의 질서 재편은 물론 한국 경제에도 이미 커다란 불확실성으로 다가왔다는 점이다. 한강의 기적으로 상징되는 한국 경제가 다이내믹 코리아가 아닌 피크 재팬 및 피크 차이나에 이은 피크 코리아라는 암울한 현실에 직면한 것을 더 이상 부인하기 어렵게 되었다. 피크 코리아 리스크가 결국 우리 삶의 방식도 변화시킬 공산이 크다.

이 책의 구성을 소개하면 크게 세 개의 파트로 구분된다.

첫 번째 파트에서는 전 세계 경제에 몰아치고 있는 각종 갈등 요인을 살펴보고, 이러한 갈등이 경제와 금융시장에 미칠 영향 등을 살펴보았다. 이미 많은 자료에서도 언급되었고 필자 역시 보고서를 통해 전 세계가 직면한 갈등 리스크를 분석했지만 이 책에서는 이를 좀 더 거시적인 관점에서 살펴보고 독자들에게 최소한의 시사점을 드리려고 노력했다. 명쾌한 설명과 해답을 드리고자 노력했지만 저자의 혜안에 부족함이 있었다면 독자분들의 너그러운 양해를 부탁드린다.

두 번째 파트는 한국 경제의 대내외적 고민을 담았다. 한국 경제를 긍정적으로 바라보는 시각도 많지만 이코노미스트로서 한국 경제를 30년 이상 바라본 필자 입장에서 한국 경제가 정말 중요한 갈림길에 서 있다는 생각을 지우기 어렵다. 책 제목을 굳이 '갈등 경제'라고 정한 데는 그만큼 한국 경제가 처해 있는 상황이 녹록치 않다는 생각 때문이다. 대외적으로 미국과 중국 간 기술패권 경쟁 장기화와 편가르기 경제 및 산업 재편에서 한국 경제가 자칫 '신(新)넛크래커' 신세가 될 가능성이 커지고 있다.

무엇보다 한국을 둘러싼 중국과 일본 경제의 상황 변화도 한국 경제에는 긍정적이지 않다. 과도한 부채로 흔들리는 중국 경제는 한국 경제에는 차이나 쇼크로 작용하고 있는 반면, 일본 경제의 부활은 또 다른 의미에서 한국에 재팬 쇼크를 주고 있다. 특히 미-일 간 정치 및 경제적 밀월관계는 미국 주도의 공급망 재편 과정에서 한국이 후순위로 밀려나는 요인으로 작용할 위험을 높이고 있다. 공급망 재편뿐만 아니라 한국 경제에는 다양한 구조적 리스크가 쓰나미처럼 몰려오고 있는 중이다. 대표적으로 부채 및 인구절벽 리스크와 더불어 인구 사이클 그리고 각종 사회적 갈등은 피크 코리아 리스크를 증폭시키는 요인이다.

마지막 세 번째 파트는 갈등 경제를 극복하기 위한 움직임을 정리했다. 기술에 대한 식견이 부족해 풍부한 기술변화 흐름을 담지는 못했지만 테크노믹스 시대 흐름이 본격화되는 이유 등을 제시해보았다. 동시에 급격한 세계 경제 및 산업 트렌드 변화 속에서 재테크 전략에 대해서도 고민을 담았다.

증권사 이코노미스트라는 직업의 특성상 상대적으로 세상에 대한 많은 고민을 하면서 살아가고 있어 늘 세상만사에 많은 관심을 가져왔지만, 최근처럼 다양한 갈등이 동시다발적으로 표출되었던 시기는 없었던 것 같다. 멀게는 IMF 외환위기 및 IT 버블 붕괴부터 2008년 글로벌 금융위기, 2010년대 중국 구조조정, 2018년 미-중 갈등 본격화, 2020년 팬데믹도 경험했지만 한국 경제를 포함해 세계 경제는 늘 위기를 잘 극복해왔다. 그러나 현재 진행되고 있고 앞으로도 펼쳐질 갈등 국면을 세계 경제와 한국 경제가 잘 극복할 수 있을지에 대해서는 걱정이 앞서는 것이 사실이다. 무엇보다 한국 경제가 피크 코리아 늪에 빠지기 않기를 간절히 바란다.

끝으로 이 책을 쓰는 데 많은 아이디어와 생각을 공유해준 분들에게 감사를 전하고 싶다. 우선 많은 생각을 공유하고 토론해준 하이투자증권 리서치센터 고태봉 상무께 깊은 감사의 말을 전한다. 같이 근무하면서 많은 도움을 준 하이투자증권 투자전략부 김명실 팀장을 포함한 팀원, 기업분석실장 김윤상 이사께도 감사드린다. 또한 부족한 필자에게 책 집필을 다시 요청해주신 메이트북스 관계자분들께도 감사의 말씀을 드린다. 그리고 늘 힘들 때 옆에서 묵묵히, 때로는 열성적으로 응원을 해주는 가족에게 미안하고 정말 고맙다는 말을 전하고 싶다. 책 제목과 달리 한국 경제와 금융시장이 피크 코리아가 아닌 다이내믹 코리아로 재탄생하기를 간곡히 바란다.

2024년 여름을 맞이하는 문턱쯤
여의도에서 **박상현**

목차

프롤로그

증권사 이코노미스트가 피크 코리아 리스크를 고민하게 된 이유   6

1장 | 세계 경제는 갈등 경제 국면으로

공존보다 갈등으로 치닫고 있는 세계   19

세상 사람들이 고민하는 진짜 갈등 리스크는 무엇인가?   24

저금리 시대는 잊어라: 중물가-중금리 시대 도래   29

고금리가 부채 늪을 깊게 하고 있다   34

부를 둘러싼 세대갈등으로 사회와 정치의 양극화가 심화   39

팬데믹 이후 세상은 빠르게 변화중   44

너무 빨리 찾아온 '피크 코리아(Peak Korea)'   50

2장 | 세상을 둘로 쪼개는
글로벌 공급망 재편

끝나지 않을 것 같은 미-중 갈등: 30년 전쟁에 대비　　　　　　　61

미국이 공급망 재편에 나설 수밖에 없는 이유　　　　　　　　67

글로벌 공급망 재편 효과①: 미국 경제 및 산업 주도권 복원중　　72

글로벌 공급망 재편 효과②: 피크 차이나 현실화　　　　　　　77

미국 대선이 있는 2024년은 공급망 재편과 미-중 전쟁의 또 다른 분수령　　82

글로벌 공급망 재편의 수혜자, 돈은 알고 있다　　　　　　　　86

3장 | 과잉 유동성과
과잉 부채 간의 갈등

부채의 늪에 빠진 세계, 그러나 대안은 없다　　　　　　　　　97

저물가-저금리 시대에서 중물가-중금리 시대로　　　　　　　102

중물가-중금리 시대가 우리에게 주는 시사점　　　　　　　　107

중물가-중금리 시대, 가장 큰 회색 코뿔소는 중국　　　　　　112

무질서한 신용위기보다 질서 있는 저성장 진입 예상　　　　　118

회색 코뿔소와 흰색 코끼리 리스크가 동반해서 올 수 있다　　123

중물가-중금리 패러다임에서 자유롭지 못한 미국　　　　　　128

미국은 부채 리스크 방어력을 그나마 지니고 있다　　　　　　133

마약과 같은 유동성, 부채와 공존하는 시대　　　　　　　　　139

4장 | 세대 간 갈등 및 부의 갈등도 격화된다

빚에 허덕이기 시작한 미국 MZ세대　149

세대 간 부의 편중 심화와 부의 세습　153

한 번도 경험하지 못한 선진국 초고령사회　158

중국 인구절벽 시나리오: 2100년 중국 인구 5억으로 급감　166

새로운 세대인 잘파세대의 등장　171

5장 | 갈등 경제 속 피크 코리아 리스크

왜 피크 코리아를 걱정해야 할까?　181

글로벌 공급망 재편에 따른 한국 경제의 득과 실　186

신(新)넛크래커 상황은 곧 피크 코리아 리스크　192

K-부채 리스크, 빚 청구서가 날아오고 있다　196

인구 사이클과 피크 코리아①: 신생아 절벽 현상　202

인구 사이클과 피크 코리아②: 압도적 속도인 한국의 고령화 속도　207

해외로 돈이 나간다: 낮아진 국내 투자 매력도　211

사회적 갈등 심화도 성장 잠재력을 깎아먹는다　217

피크 코리아, 회피할 문제가 아니다　224

6장 | 갈등 경제와 테크노믹스

갈등 리스크 패러다임 속 경제 및 사회의 특징　　　　237

기술 중심의 생산함수와 새로운 보급률 사이클을 주목　　245

증시를 통해 글로벌 판도 변화를 읽자　　　　　　　　250

'피크 코리아'의 해답도 기술혁신에서 찾자　　　　　　256

선택과 집중이 그 어느 때보다 필요한 투자 시대　　　261

에필로그
갈등 경제와 한국이 나아갈 길　　　　　　　　　　　270

- 공존보다 갈등으로 치닫고 있는 세계
- 세상 사람들이 고민하는 진짜 갈등 리스크는 무엇인가?
- 저금리 시대는 잊어라: 중물가-중금리 시대 도래
- 고금리가 부채 늪을 깊게 하고 있다
- 부를 둘러싼 세대갈등으로 사회와 정치의 양극화가 심화
- 팬데믹 이후 세상은 빠르게 변화중
- 너무 빨리 찾아온 '피크 코리아(Peak Korea)'

CONFLICTING

세계 경제는
갈등 경제
국면으로

세계 경제에 고민과 불확실성이 없던 시기는 없었지만, 지금처럼 세계 경제에 대한 고민과 우려가 확산되던 시기 역시 없었던 것 같다. 갈등 리스크가 미-중 패권 경쟁에서 시작된 것은 맞지만, 팬데믹을 거치면서 그동안 잘 드러나지 않았던 갈등 리스크들이 봇물처럼 터져 나오고 있다. 경제적 갈등뿐만 아니라 정치적·사회적 갈등이 동시다발적으로 표면화되고 있다. 갈등은 시간이 지나면 자연스럽게 해소되는 것이 순리지만 현재 세계 경제가 직면한 다양한 갈등 리스크는 쉽게 해소되기 어렵다. 오히려 갈등이 증폭되면서 세계 경제가 경험하지 못한 갈등 경제 국면이라는 새로운 국면에 진입할 전망이다.

- 공존보다 갈등이 세계 경제를 지배하면서 저성장과 고물가로 고착화 가능성이 커지고 있다.

- 해답은 잘 안 보이고 고민이 많아진 생활, 다양한 고민거리와 갈등 요인으로 전 세계가 몸살을 앓고 있다.

- 갈등 경제의 부작용 중 가장 먼저 현실화되고 있는 인플레이션 리스크가 완전히 해소되려면 상당한 시간이 걸릴 수 있다.

- 유동성 확대 정책, 즉 부채 정책을 통해 최근 위기를 극복했지만 이제는 그것이 부채 리스크라는 부메랑으로 돌아왔다.

- 중도가 없고 극단만이 존재하는 정치 양극화와 부를 둘러싼 세대 간 갈등 등은 점점 더 걱정스러운 수준에 이르고 있다.

- 역동성이 떨어지면서 한국 경제도 일본과 중국에 이어 피크 코리아 리스크에 직면할 위험이 커지고 있다.

공존보다 갈등으로
치닫고 있는 세계

공존보다 갈등이 세계 경제를 지배하면서
저성장과 고물가로 고착화 가능성이 커지고 있다.

갈등(葛藤)은 칡을 뜻하는 '갈(葛)'과 등나무를 뜻하는 '등(藤)'이 합쳐진 단어다. 즉 갈등은 칡덩굴과 등나무 덩굴처럼 어떤 일이 엉망으로 뒤엉켜서 풀기 어려운 상태를 가리킨다. 역사적으로 갈등이 없던 시기는 없었다. 그러나 작금의 세계 경제를 보면 갈등 요인이 넘쳐나고 있다. 경제적 측면만이 아니라 사회적 및 정치적으로 갈등이 분출하고 있는 시대다.

공존보다 갈등이 세계 경제를 지배하면서 굳이 신냉전이라는 말을 쓰지 않더라도 세계 경제는 둘로 쪼개지고 있다. 단적으로 세계 경제는 세 가지 전쟁에 직면해 있다.

우선 미국과 중국 간 패권전쟁은 6년째 이어지고 있지만 언제 종료될지 예측하기 힘들다. 역사적으로 미국은 자국을 위협하는 새로운 패권국을 인정하지 않았다. 이러한 점에서 볼 때 과거 1980년대 미-일 갈등에서 일본이 결국 무릎을 꿇었듯 중국도 패권국의 야심을 접어야 하지만, 중국이 일본의 전철을 따를 가능성은 희박하다. 중국이 버티는 전략을 추진한다면 미-중 갈등은 더욱더 확산될 수밖에 없다. 더욱이 미국 대선이 2024년 11월에 예정되어 있다. 바이든 대통령이 재선될지 트럼프 전 대통령이 다시 당선될지 알 수 없지만 트럼프 전 대통령이 당선된다면 요란스러운 갈등이 현실화될 것이다. 또다시 전 세계가 매일 트럼프 대통령의 발언과 트위터 글에 주목하게 되면서 금융시장 변동성이 커질 것이다.

단 며칠 만에 끝날 것으로 예상했던 러시아-우크라이나 전쟁도 3년째 지속되고 있다. 더욱이 오랜 전쟁으로 양국의 피해도 눈덩이처럼 커지고 있지만 서방 내 지원 및 공조가 약화되고 있다는 것도 큰 문제다. 만약 러시아가 전쟁에서 승리한다면 신냉전 분위기는 더욱 강화될 수 있고 전 세계 곳곳에서 지정학적 리스크가 잇따를 여지도 있다. 아프가니스탄 철군에 이어 미국이 주도하는 나토의 지원을 얻고 있는 우크라이나 전쟁이 사실상의 러시아 승리로 이어진다면 미국을 바라보는 시선이 이전만 못할 것이다. 그리고 이는 또 다른 지정학적 리스크를 높이는 압력으로 작용할 것이다. 중국의 대만 침공은 물론 한반도 지정학적 리스크도 안심할 수 없게 된다.

2023년 말 촉발된 중동분쟁도 언제 종료될지 예상하기 힘들다.

중동의 지정학적 불안이 과거 1~2차 오일쇼크 당시와 달리 유가에 주는 충격은 제한적이지만 글로벌 물류, 즉 공급망 차질 영향은 피하기 어려운 상황이다. 일례로 홍해를 둘러싼 군사적 위협에 따른 물류 차질이 운임 상승으로 이어져 가뜩이나 불안한 물가압력을 높이는 리스크가 커지고 있다. 팬데믹을 거치면서 뼈저리게 경험했지만 공급망 차질은 글로벌 경제의 새로운 리스크로 등장했다.

물리적 전쟁과 경제 전쟁을 동시에 직면

세계 경제가 물리적 전쟁만이 아니라 경제 전쟁을 동시에 경험한 적이 있었는지 궁금할 정도다. 분명한 것은 갈등 경제가 세계 경제와 금융시장에는 부정적 영향을 줄 것이라는 점이다. 당장 세계 교역 규모나 성장률이 이를 잘 보여주고 있다. 세계은행은 2024년 전 세계 GDP 성장률을 2.4%로 예상했다. 특히 미국 등 주요 G7 국가의 2024년 GDP 성장률이 0~1% 수준대에 그치는 저성장을 예상했다. 중국도 예외가 아니다. 중국도 부채 등 내부적인 문제도 있지만 미국과의 갈등 여파로 2024년 성장률이 4% 중반대에 그칠 것이라는 전망이 지배적이다.

세계 경제에 드리워지고 있는 갈등 경제라는 먹구름은 향후 자국 우선주의 산업정책을 강화할 것이다. 미국의 경우 이미 인플레이션

감축법(IRA) 및 반도체 지원법을 통해 자국 산업 보호 및 제조업 생산 기반을 강화하는 리쇼어링 정책을 강화중이다. 유럽 역시 핵심원자재법(CRMA)을 통해 맞대응에 나서고 있다. 선진국뿐만 아니라 자원보유국 역시 핵심자원의 수출을 제한하는 등 자국 중심의 자원정책을 펼치는 중이다. IMF에 따르면 자국 우선주의 산업정책에 따른 글로벌 교역의 단절 현상이 글로벌 경제 규모를 2%까지 감소시킬 것으로 추정했다.

사회적 갈등 증폭도
무시하지 못할 리스크

국가 간, 체제 간 갈등뿐 아니라 세계 경제가 더욱 주목해야 할 갈등은 사회 내 갈등이다. 이미 전 세계 대부분의 국가들은 심각한 갈등 리스크에 직면해 있다. 극단적 이념으로 치닫고 있는 정치적 갈등은 사회적 연대감을 약화시키면서 상생 경제에 커다란 장애물이 되고 있다. 여기에 소득 양극화 심화에 따른 부의 갈등, 즉 가진 자와 못 가진 자의 갈등이 갈수록 증폭되면서 정치적 갈등을 더욱 심화시키는 악순환에 진입했다. 또한 인구 사이클과 관련된 세대 간 갈등도 무시할 수 없는 갈등 요인이다.

이 밖에도 AI 사이클 붐이 일어나고 있지만, AI가 궁극적으로 인간을 대체하면서 인간의 일자리가 상실되는 것은 영화가 아닌 현실

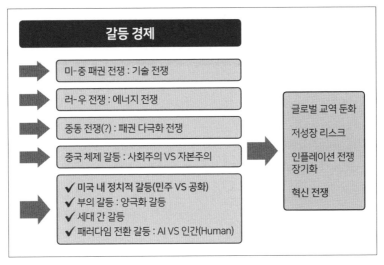

갈등 경제

미-중 패권 전쟁 : 기술 전쟁

러-우 전쟁 : 에너지 전쟁

중동 전쟁(?) : 패권 다극화 전쟁

중국 체제 갈등 : 사회주의 VS 자본주의

✓ 미국 내 정치적 갈등(민주 VS 공화)
✓ 부의 갈등 : 양극화 갈등
✓ 세대 간 갈등
✓ 패러다임 전환 갈등 : AI VS 인간(Human)

글로벌 교역 둔화

저성장 리스크

인플레이션 전쟁
장기화

혁신 전쟁

출처: 하이투자증권

이 될 전망이다. AI와 인간 사이의 새로운 갈등을 가까운 시일 내 보게 될 가능성이 크다.

서로 간 상생 및 공존을 통해 나눌 수 있는 파이를 키우기보다 파이 크기를 그대로 둔 채 각자 더 큰 파이를 가져가려는 갈등이 증폭된다면, 세계 경제에도 당연히 악영향을 미칠 것이다. 세계 경제가 저성장과 고물가로 수축 경제 혹은 장기 디플레이션에 빠질 잠재 위험이 커질 수 있다.

세상 사람들이 고민하는
진짜 갈등 리스크는 무엇인가?

해답은 잘 안 보이고 고민이 많아진 생활,
다양한 고민거리와 갈등 요인으로 전 세계가 몸살을 앓고 있다.

2024년 전 세계의 가장 큰 고민거리이자 가장 많은 사람이 위기라고 느끼는 것은 기후 문제다. 이는 세계경제포럼(WEF)이 1,490명의 전 세계 리더들을 대상으로 한 서베이 조사 결과다. 실제로 기상이변은 우리가 피부로 느낄 수 있는 위기다. 유럽의 중기 기후변화 상황을 관측하고 있는 코페르니쿠스 기후변화연구소(C3S)에 따르면 2023년 지구의 평균 기온은 14.98℃로 1850~1900년대 산업화 이전보다 1.48℃나 더 높았으며 기상 관측 이래 가장 따뜻했던 한 해였다.

기온이 상승하면서 전 세계는 이상 기후에 따른 각종 재난에 시달

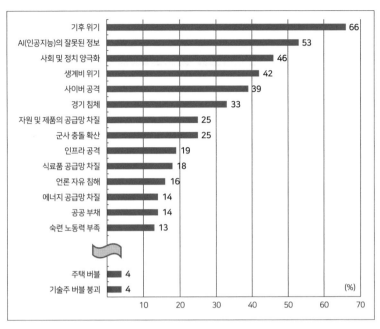

WEF(세계경제포럼)이 선정한 2024년 글로벌 리스크 요인

항목	값
기후 위기	66
AI(인공지능)의 잘못된 정보	53
사회 및 정치 양극화	46
생계비 위기	42
사이버 공격	39
경기 침체	33
자원 및 제품의 공급망 차질	25
군사 충돌 확산	25
인프라 공격	19
식료품 공급망 차질	18
언론 자유 침해	16
에너지 공급망 차질	14
공공 부채	14
숙련 노동력 부족	13
주택 버블	4
기술주 버블 붕괴	4

(%)

출처: WEF, 하이투자증권

리고 있다. 이에 따라 그린에너지로 전환하는 등 녹색경제로의 전환을 이미 추진중이다. 그러나 각국의 복잡한 이해관계로 기후 위기를 막고자 하는 노력은 큰 실효를 얻지 못하고 있다. 기후변화 대응으로 야심 차게 추진하던 바이든 행정부도 전기차 전환 계획을 늦추기로 결정했다. 당장 자동차 근로자의 표심이 필요했던 것이다. 물론 기후 위기가 단기간에 세계 경제를 심각한 위기로 내몰지는 않겠지만 부정적 효과는 이미 현실화되고 있다.

대표적으로 물가압력을 꾸준히 높일 수 있다. 에그플레이션, 슈거

플레이션 등 농산물 작황에 따른 물가 리스크가 빈발하고 있다. 농산물 작황에 따른 물가압력은 금리 등 정책으로 해결이 어려운 물가리스크다. 이러한 점에서 언제일지는 모르지만 이상 기후로 전 세계 경제가 심각한 고물가에 직면하는 현상이 현실화될 가능성이 점점 더 커지고 있다. 기후 위기가 세계 경제에 가하는 위협은 단지 농산물 가격에 대한 것만이 아니다. 심각한 물 부족 현상도 빼놓을 수 없다.

리스크와 갈등 앞에
AI 열풍도 예외는 없다

AI 열풍으로 반도체에 대한 관심이 크게 고조되고 있지만 물 부족이 반도체 가격 상승 압력에도 영향을 미칠 수 있다. 국제신용평가사 스탠더드앤드푸어스(S&P)는 TSMC 등 반도체 제조업체들이 공정 기술 발전에 따라 물 수요가 크게 늘어나면서 물 부족 위험에 처할 수 있다고 경고했다. TSMC 등 반도체 기업들은 팹(반도체 생산공장)에서 제조 기계를 냉각하고, 웨이퍼 시트에 있는 먼지나 이물질 등을 세척하기 위해 막대한 양의 물을 소비한다. 그래서 반도체 제조업을 '목마른 산업'이라고 부르기도 한다.

이와 같은 AI 산업의 급속한 성장과 팽창으로 인한 반도체 고도화로 향후 제조공정에서 더 많은 물을 소비하게 될 전망이다. 그리고 이는 반도체 가격 상승으로 이어질 것이다. 참고로 반도체 산업의 물 소비가 생산 규모 확장과 첨단공정 기술 발전으로 인해 매년 5~10% 정도 증가하면서 전 세계 반도체 제조업체들은 현재 인구 750만 명의 홍콩 물 소비량만큼의 물을 쓰고 있다.*

기후 위기와 더불어 기술혁신의 맹주로 떠오른 AI(인공지능)에 대한 기대감도 크지만 위기의식도 높다. AI의 성장과 함께 AI가 제공하는 잘못된 정보에 대한 혼란을 우려하는 것이다. 이미 20년 전인 2004년에 상영된 영화 〈아이, 로봇(i, ROBOT)〉은 인공지능 발전이 초래하는 파국적 상황을 묘사한 바 있는데, 이것이 영화적 상상만으로 그치지 않을 수 있음을 세상이 경계하고 있다.

갈등 리스크는
증폭될 수밖에 없다

기존의 갈등 리스크는 2024년에도 지속 혹은 증폭될 것으로 보고 있다. 전쟁, 공급망 리스크, 사회 및 정치 양극(극단)화 현상, 노동력 부족 등 기존 갈등이 해소되기보다는 갈등 양상이 확산될 것으로 우려된다.

---

* 연합뉴스, 2024년 2월 29일 기사(S&P "TSMC 등 반도체 업계 물 부족 위험…가격 인상 가능성") 참조.

기후변화와 AI의 부작용은 다소 장기적 이슈라고 한다면 사회적 양극화와 경제적 기회 부족은 2024년 전 세계가 직면한 큰 위협이다. 계급 간 이동성 축소, 노동시장 내 일자리 양극화는 사회 및 경제적 혼란을 촉발시킬 수 있는 위험이다. 사회 및 경제적 양극화는 개인적으로는 빈곤을, 사회적으로는 성장률 저하와 정치적 불안정을 야기할 수 있기 때문이다. 여기에 각종 공급망 차질은 생산활동의 저하는 물론 생계 위험을 유발해 경제적 갈등과 정치 불안을 심화하는 요인이 된다. 갈등 리스크 증폭은 2024년에도 전 세계 경제와 사회가 피하기 어려운 상수가 된 것이다.

저금리 시대는 잊어라:
중물가-중금리 시대 도래

갈등 경제의 부작용 중 가장 먼저 현실화되고 있는
인플레이션 리스크가 완전히 해소되려면 상당한 시간이 걸릴 수 있다.

갈등 경제가 초래할 수 있는 위험 요인 중에 이미 현실화된 현상은 앞에서도 언급한 인플레이션 리스크와의 전쟁 장기화다. 저물가에 길들여진 소비자들은 고물가라는 생소한 환경을 맞이했다. 그동안 유가 및 농산물의 일시적 수급 불균형 등으로 오일플레이션(오일과 인플레이션 합성어) 및 에그플레이션(농업과 인플레이션 합성어) 현상이 간간이 발생했지만 최근에는 런치플레이션, 에코플레이션, 차이나플레이션 등 다양한 인플레이션 신조어가 탄생하고 있다. 앞으로 인플레이션과 관련한 다양한 신조어가 잇따를 것이 분명하다.

글로벌 금융위기 직후 '저물가-저금리' 현상을 뉴노멀*이라고 지칭한 바 있었지만 이제는 '고물가-고금리'가 뉴노멀처럼 받아들여지고 있다. 고물가 현상이 촉발된 원인은 다양하다. 팬데믹 기간 중 풀린 막대한 유동성, 코로나19로 인한 생산과 유통망 혼란에서 비롯된 공급망 차질, 급격한 기후변화 여파 그리고 팬데믹 종식 선언 이후 폭발적으로 늘어난 보복소비 등을 들 수 있다. 경제학에서 얘기하는 비용상승(Cost-push inflation) 인플레이션과 수요견인 인플레이션(Demand pull inflation)이 복합적으로 작용하고 있지만, 전통적 이론으로 설명하기 힘든 갈등 경제도 새롭게 물가압력을 자극하고 있다.

공급망 재편이
물가 리스크로 다가왔다

대표적인 갈등 경제발 인플레이션은 미국 주도의 글로벌 공급망 재편이다. 미국은 그동안 안정적 국제 분업구조에서 탈피해 새로운 공급망 재편을 추진하고 있다. 리쇼어링, 니어쇼어링 및 프렌드쇼어

---

* 뉴노멀(New Normal)이란, 시대 변화에 따라 새롭게 부상하는 표준으로, 경제위기 이후 5~10년간의 세계 경제를 특징짓는 현상임.

링 정책*이 대표적인 공급망 재편 정책이다. 이를 위해 미국 정부는 주요 산업에 보조금을 확대했다. 이는 당연히 미국 재정수지 적자 확대와 정부부채 급증으로 이어지고 있다.

팬데믹 기간 중 가뜩이나 미 연준이 양적완화를 통해 막대한 유동성을 공급한 데 이어 정부마저 재정지출 증가를 통해 유동성을 확대한 것이다. 한때 '화폐 발행이 급증해도 물가와 금리는 오르지 않는다'는 현대통화이론이 주목을 받기도 했지만 현실은 그렇지 않다. 공짜 점심이 없듯이 시중에 풀린 유동성이 물가를 자극하고 있다. 장기적으로 풀린 돈이 결국 미국 정부부채 급증으로 이어지면서 악순환을 잉태하고 있다.

기술혁신 혹은 에너지 전환과 관련된 갈등도 물가압력을 자극하는 요인으로 작용중이다. 기술혁신 사이클은 대규모 투자를 동반하며, 이로 인해 원자재 가격의 급등도 물가를 자극하는 빌미를 제공하고 있다. 더욱이 기술혁신과 관련된 자원들을 둘러싼 자원 보호주의와 자원 패권경쟁도 고물가 현상의 원인으로 지목된다. 러시아-우크라이나 전쟁이 벌어진 데에 다양한 의견이 있지만 미국 등 선진국 주도의 탈석유 정책이 한몫을 했음은 부인하기 어렵다.

---

* 리쇼어링: 해외에 나가 있는 자국 기업들을 각종 세제 혜택과 규제 완화 등을 통해 자국으로 불러들이는 정책.
니어쇼어링: 기업이 생산 및 서비스를 위한 업무를 이전할 때, 본국과 가까운 인근 국가로 이전하는 것.
프렌드쇼어링: 우방국을 생산기지로 낙점하고 이전하는 현상.

고령화 등 인구 사이클도
인플레이션 리스크를 높이는 요인

갈등으로 표현하기는 어렵지만 인구의 측면에서 세대별 인구 격차, 즉 급속한 고령화 현상도 인플레이션과 관련해 부담스러운 현상이다. 선진국과 중국이 급격한 고령화 국면에 진입했고 이는 생산가능인구의 급격한 축소, 즉 노동력 부족으로 현실화되고 있다.

2001년 IT 버블붕괴로 미국 경제가 침체를 경험한 이후 고용시장을 대표하는 단어는 소위 '고용 없는 성장(Jobless recovery)'이었다. 그러나 팬데믹 이후 경기회복 과정에서는 '고용이 풍부한 성장(Job-rich recovery)'이라는 상당히 이례적인 현상이 출현했다. 팬데믹 기간 베이비붐 세대의 조기 은퇴, 이민자 급감 및 미국 리쇼어링 정책이 맞

굿하트 교수가 전망한 향후 30년 미국 경제				자산가격	
	물가 상승률	경제 성장률	금리 (10년 국채 금리)	S&P 500 주가 지수	20대 대도시 주택가격
2000~2019년 (연평균)	2.2%	2.2%	3.4%	5.9%	4.0%
팬데믹 이후 (2020~2022년, 연평균)	4.7%	1.8%	1.8%	9.9%	11.1%
굿하트 교수의 향후 30년 미국 경제	3.0~3.5%	1.0~1.5%	3.5~4.5%	부동산 주식 장기 하락	

출처: 조선비즈, 하이투자증권

물리면서 색다른 고용환경이 조성된 것이다. 미 연준의 주장처럼 탄탄한 고용시장이 유지되고 있음은 긍정적이지만 한편으로 노동 공급 부족에 따른 구인난과 함께 임금상승 압력이 커지고 있다. 이러한 현상은 인구 사이클을 고려할 때 상당 기간 지속될 공산이 높다. 더욱이 전 세계 공장 역할을 담당하던 중국의 고령화 현상과 이에 따른 임금상승 현상은 세계 경제가 풀어야 할 중장기 인플레이션 리스크다.

찰스 굿하트 런던 정경대 교수는 향후 30년 고물가-고금리 시대를 전망한다.* 그는 "중장기적으로 생산가능인구 감소와 탈세계화가 성장을 막고 물가를 끌어올려 고물가-고금리 추세가 2050년 무렵까지 이어질 것이다"라고 주장한다. 인구 고령화에 따른 노동공급 부족 문제는 장기적으로 물가 고민이 깊어지게 하는 요인이다. 물론 기술혁신을 통한 생산성 개선이 열쇠겠지만, 이는 오래 걸리는 험난한 길이다.

---

* 조선비즈. 2023년 10월 26일 기사 참조.

고금리가 부채 늪을
깊게 하고 있다

유동성 확대 정책, 즉 부채 정책을 통해 최근 위기를 극복했지만
이제는 그것이 부채 리스크라는 부메랑으로 돌아왔다.

    부채라고 하면 일단 부정적인 생각이 든다. 그러나 굳이 구분하자면 좋은 의미의 부채도 있다. 저금리 국면에서 부채를 통한 투자는 생산적일 수 있다. 위기만을 생각하고 기업과 소비자들이 움츠러들어 대출(=부채)을 쓰지 않는다면 경제는 활력을 잃을 것이다. 일본의 잃어버린 30년이 대표적인 사례다.

    과감한 부채 정책을 통해 위기를 극복한 사례로는 글로벌 금융위기와 팬데믹이 있다. 미 연준을 포함한 주요국 중앙은행이 자칫 대공황까지 초래할 수 있는 금융위기 및 경제 대중단을 극복하기 위해 제로금리와 양적완화라는 부채 정책을 추진한 덕택에 위기를 극복

했다. 팬데믹 기간 중 실시된 공격적 재정정책도 예상외로 빠른 경기 정상화에 기여했다. 저금리를 기반으로 부채 정책이 효과를 본 것이다.

부채,
많아도 너무 많다

그러나 아무리 좋은 약이라도 너무 과용하면 문제가 되듯 전 세계에 빚이 너무 많다. 정말 빚더미 위에 있다고 해도 과언이 아니다. 국제금융협회(IIF)에 따르면 2023년 전 세계 부채 총액은 313조 달러로 역대 최대치를 경신했다. 특히 10년 사이에 100조 달러가 증가한 것으로 알려지는 등, 글로벌 금융위기 충격을 경험했음에도 불구하고 부채는 오히려 급증하는 양상이다.

글로벌 금융위기 이후 장기화되었던 저금리 기조와 선진국을 중심으로 한 경쟁적인 돈 풀기 정책의 후유증이다. 특히, 주목할 것은 정부부채의 급증이다. 2023년 정부부채 규모는 약 90조 달러로 팬데믹 이전과 비교해 19조 달러 급증했다. 팬데믹의 충격을 방어하기 위해 어쩔 수 없이 각국 정부가 공격적 경기부양에 나선 것이 부메랑으로 돌아오고 있는 것이다. 더욱이 일본의 사례에서 볼 수 있듯이, 선진국의 급속한 고령화에 따른 복지 지출 확대와 더불어 AI 확산에 따른 일자리 상실 등이 부채를 더욱 증가시킬 공산이 높다.

여기에 부채 리스크를 키우는 변수는 금리다. 이유야 다양하지만 인플레이션 압력으로 인한 금리 급등 현상은 모두가 안심하고 있던 부채 리스크를 자극하고 있다. 2023년 8월 피치사는 미국 신용등급을 전격적으로 강등했다. 정치권의 갈등 리스크와 더불어 미국 정부의 부채 급등이 강등의 중요 배경이다.

이후 부채 리스크는 들불처럼 확산될 위험이 커지고 있다. 미국 국가신용등급 강등 사태 이후 중국 부채가 세상을 크게 흔들었다. 중국 역시 부채 리스크가 현실화된 것이다. 중국 부채 리스크는 한국의 가계부채와 유사하게 만성 질병처럼 취급받아왔지만 이번에는 분위기가 심상치 않다.

알려진 부채 이외의 숨겨진 부채, 소위 그림자 부채가 너무 많고 해결도 쉽지 않기 때문이다. 중국 부채 리스크가 더욱 위험해 보이는 것은 각종 갈등 리스크와 얽혀 있기 때문이다. 협의로는 중국 중앙정부와 지방정부 간 갈등관계가 있지만 좀 더 광의로 보면 미-중 간 패권 갈등 그리고 시진핑 국가 주석의 집권 3기와 더불어 강화되는 사회주의 정책 기조와 기존 자본주의 성향과의 갈등도 숨어 있다. 중국 정부가 근본적으로 부채 리스크를 치유하지 않는다면 중국은 주기적으로 부채 위기에 직면할 가능성이 크다. 그리고 미국은 집요하게 중국의 부채 리스크의 취약한 부문을 공략하면서 중국 경제를 흔들 것이다.

중국의 대내외 갈등 리스크가
차이나 런 현상으로 나타나고 있다

첨단기술을 둘러싸고 장기화되고 있는 미-중 간 패권 갈등은 중국 경제 및 산업에 큰 악영향을 주고 있다. 단순하게 교역과 성장률에 미치는 악영향만이 아니다. 이 갈등은 중국 경제에 대한 신뢰도 약화와 디플레이션 리스크를 자극하는 '차이나 런'* 현상을 촉발시키는 원인 중의 하나다. 시진핑 집권 3기 정책과 관련된 보이지 않는 갈등 요소도 차이나 런 현상을 강화시키고 있다. 공동부유, 국진민퇴 정책에 이은 애국주의 사상 강화는 그동안 자본주의에 익숙해 있던 경제에 큰 충격을 주고 있다.

만성적 중국 부채 리스크를 금융시장이 이제서야 우려하게 된 가장 큰 이유는 결국 상환 우려 때문이다. 부채라는 자전거가 잘 달리고 있으면 부채상환이 문제가 되지 않지만, 갈등이라는 각종 돌부리에 자전거가 걸려 넘어지면 다시 일어나기 어렵다. 부채상환 리스크가 현실화되고 있는 것이다.

정부부채뿐만 아니라 기업 부채와 부동산 관련 부채도 또 다른 부채 시한폭탄이다. 2023년 3월 SVB 사태 역시 고금리 충격 등으로 기업 대출 부실에 따른 부채위기였다. 다행히 미 연준이 선제적으로

---

* 차이나 런(China-run): '차이나(China)'와 '뱅크런(Bank Run)'의 합성어로, 투자 자금이 중국 시장에서 이탈하는 현상을 뜻함.

금융기관에 유동성을 지원하는 발 빠른 대응으로 초기 진화에 성공했지만 제2, 제3의 SVB 사태 재발 위험이 잠재해 있다. 그중에서도 금융시장이 가장 주목하는 부채 폭탄 뇌관은 상업용부동산 대출이다. 2008년 글로벌 금융위기가 가계의 주택대출 부실에서 시작되었지만 향후 미국의 새로운 부채위기의 시발점은 상업용부동산 부실이 될 것이다. 고금리에 따른 수익률 하락 그리고 팬데믹 이후 보편화되고 있는 재택근무가 사무실 등의 공실률을 높이면서 상업용부동산 위험을 키우고 있다. 최근 미 연준이 2024년 중 금리인하에 나설 것이라는 기대감이 커지는 원인으로는 물가 둔화를 가장 먼저 들 수 있다. 그러나 고금리 수준, 즉 긴축 장기화가 상업용부동산 위기를 키울 수 있다는 우려도 또 다른 이유다.

한국은 부채 리스크에서 자유롭지 못하다. 좀 더 비관적으로 보면 전 세계 주요국 중 중국 다음으로 부채 리스크가 잠재해 있는 경제다. 이미 부동산 PF 리스크가 일부지만 현실화된 상황에서 부동산 침체 장기화 혹은 대외 경제 불확실성 리스크 확산 시 국내 부채 폭탄은 곳곳에서 터질 수 있다. 이제 한국은 부채 리스크를 경계해야 할 상황이 아니라 부채 리스크를 적극적으로 방어 혹은 해소하는 공격적 부채 정책이 필요한 상황이다. 이미 한국 경제에 부채 청구서가 날아오기 시작했다.

부를 둘러싼 세대갈등으로
사회와 정치의 양극화가 심화

중도가 없고 극단만이 존재하는 정치 양극화와 부를 둘러싼
세대 간 갈등 등은 점점 더 걱정스러운 수준에 이르고 있다.

갈등 리스크가 정치권 및 사회 전반에 확산되고 있다. 전 세계 정치 양극화 현상은 갈수록 심화되어 중도가 없는 좌와 우로 양분되고 있다. 대통령 선거 결과에 대한 불만으로 미국 의회가 습격당했으며, 트럼프 전 대통령은 다시 재선을 시도중이다. 역사적으로 미국 정치권이 요즘처럼 양분화된 시기는 없었다. 미국은 물론 여타 국가들도 마찬가지다. 자국 우선주의를 강조하는 스트롱맨 정치인들이 대중적 인기를 얻고 있다. 이처럼 극단으로 치닫고 있는 정치 양극화 현상이 각종 전쟁과 신냉전체제를 소환하고 있다.

사회도 양극화 현상이 심화되고 있다. 정치가 사회를 양극화하고

미국 소득 분위별 가계자산 비중 추이(단위 %)

소득 분위	1990년	2000년	2010년	2020년	2023년
상위 0.1%	9	10	11	13	14
99~99.9%	14	17	18	18	17
90~99%	37	36	40	38	36
50~90%	36	34	31	29	31
하위 50%	4	3	1 이하	2	3

출처: visualcapitalist.com, 하이투자증권

있는지 사회 양극화가 정치 양극화로 이어지고 있는지 구분하기 어렵다. 사회 양극화 현상은 아무래도 부의 양극화 현상의 심화가 직접적인 요인이 되고 있다. 팬데믹을 거치면서 소득 양극화 현상은 더욱 심화되었다.

2023년 기준으로 미국 가계자산 구성을 살펴보면 상위 0.1%와 상위 1%가 전체 가계자산의 14%와 17%를 각각 차지하고 있다. 1990년에 비해서 부의 집중이 더욱 심화된 것이다. 더욱 충격적인 것은 하위 50%가 차지하고 있는 자산 비중은 30년의 세월이 흘렀지만 변화되지 않았거나 줄어들었다는 점이다. 부익부 빈익빈 현상이 심화된 것이다.

선진국만 소득불균형이 심화된 것이 아니다. 중국 시진핑 국가 주석이 "함께 잘 살자"라는 공동부유 아젠다를 들고나온 것은 사회주의 체제인 중국마저 소득 양극화 현상이 심화되고 있음을 보여주는 단적인 사례다.

인구, 부의 세습, 기술 혁신 사이클이
사회적 갈등을 심화시키는 요인

베이비붐 세대의 은퇴 역시 소득 양극화 현상을 심화시킬 공산이 높다. 미국 베이비붐 세대는 미국 경제의 장기 호황, 특히 자산가격의 초장기 상승에 힘입어 막대한 부를 보유하고 있다. 이들 베이비붐 세대의 본격적인 은퇴는 경제적·사회적으로 큰 영향을 미치고 있다. 그러나 주목할 것은 베이비붐 세대가 보유하고 있는 부가 자연스럽게 대물림된다는 점이다.

부의 세습은 신분의 사다리를 통해서만 부와 명성을 얻을 수 있는 대다수 젊은 세대에게는 커다란 불만이다. MZ세대들은 부의 창출을 위해 저금리 기조 하에서 각종 부채를 동원해 자산 투자에 나섰지만 갑자기 고금리 환경이 되면서 부가 아닌 부채에 시달리고 있다. 부의 양극화가 세대 간 갈등으로 이어지고 있는 것이다.

여기에 기술혁신 사이클에 기댄 AI와 로봇 발전은 시간이 갈수록 근로자들의 일자리마저 위태롭게 할 것이다. 이제는 기술과 사람 간 갈등이 새로운 사회 이슈로 등장할 날이 멀지 않았다.

사회네트워크서비스(SNS)의 급속한 보급도 각종 갈등을 증폭 혹은 확산시키는 매개체 역할을 했다. 정치 및 사회적 갈등이 급속히 증폭된 시점은 SNS 대중화 시기였던 2010년대부터다. 전 세계 금융위기 충격과 중국 고성장 시대 마감도 적지 않은 영향을 미쳤지만 SNS 확산도 중요한 계기점이 되었다. SNS는 정보의 다양성과 신속성을 급속히 높이는 긍정적 측면도 강하지만 한편으로는 잘못된 정보, 소위 가짜 뉴스를 양산해 여론을 왜곡하는 부작용을 잉태해왔음을 간과할 수 없다. 이전에 잘 알지 못했던 내 이웃은 물론 해외 각지 사람들의 다양한 삶과 생각들을 SNS를 통해 공유한 것이 갈등을 증폭시키는 촉매제 역할을 일부 한 것으로 생각된다.

AI 사이클은 꼭 긍정적인 효과만 있는 것은 아니다

앞으로 AI 시대가 본격화되면서, 교육과 인적 교류 등 사회적 활동을 통해 생각과 이념이 정돈되기보다 과도하게 데이터에 의존한 일률적 생각과 사고가 보편화될 위험이 크다. 정확한 정보야 큰 문제가 되지 않겠지만 잘못되거나 왜곡된 정보와 데이터에 기반한 사고를 한다면 타협이 쉽지 않은 사회로 변모할 수 있다. 더욱이 세대 간의 정보 접근성에는 큰 차이가 있을 수밖에 없다는 것도 또 다른 갈등의 불씨가 될 수 있다. 특히, 실체가 없는 가상의 리더에 의해 갈등 조장과 이념의 극단화 현상이 나타날 수 있다. 이단 종교의 광신도처럼 AI 광신도가 전 세계적으로 출현하면서 사회 불안과 갈등이 확산될 위험이 커지고 있다.

단순한 실수라고 하지만 대화형 생성 인공지능인 구글 '제미나이'가 흑인 바이킹, 흑인 일론 머스크, 흑인 앨버트 아인슈타인 등을 그

려낸 사례는 AI 사용이 보편화되는 과정에서 발생할 수 있는 각종 오류 및 왜곡의 위험성을 보여주는 단적인 사례다. 이미 각종 포털과 유튜브를 통해서도 잘못되고 왜곡된 정보의 확산이 이해집단별로 갈등을 부추기고 있음을 고려하면 AI 사이클로 인해 초래될 사회적 갈등 리스크에 대해서도 심각하게 고민할 필요가 있다.

과연 전 세계가 다양한 갈등 리스크, 특히 기술 발전으로 이전에는 생각하지 못했던 갈등들을 어떻게 풀어낼 수 있을지가 향후 세계와 금융시장 흐름을 크게 좌우할 것이다.

팬데믹 이후
세상은 빠르게 변화중

———

팬데믹 이후 세상의 변화, 예상은 되지만
변화 속도는 빨랐고 변화에 대한 적응도 기대보다 빠르다.

코로나19가 발생한 지 4년이 경과된 현재, 코로나19 팬데믹을 되돌아보면 팬데믹은 경제 및 사회에 큰 충격을 준 것이 분명하다. 동시에 사회, 경제 및 산업 패러다임 전반에 걸쳐 작은 변화보다 거스르기 어려운 커다란 변혁의 중요한 시발점이 되었다.

2021년 필자의 『테크노믹스 시대의 부의 지도』 책자에 쓰였던 내용을 다시 차용해보면 당시 세상의 생각들이 대부분 현실화되었다. 당시 〈월스트리트저널(WSJ)〉은 코로나19 이후 거대한 사회적·경제적 변화가 올 것을 예고하고 거대한 변화의 11가지 특징을 열거했는데 이 특징들이 거의 현실화되었다. 기존 패러다임의 완강한 저항에도 불구하고 팬데믹 충격은 4차 산업혁명 혹은 기술혁신 사이클을 주축으로 사회 및 경제 패러다임을 급격히 전환시켰고 무엇보다 이러한 전환을 인류가 자연스럽게 수용하게 되었다. 당시 책자에서 "위기를 극복하기 위해 변화한다"라는 것을 강조하기 위해 주역의 한 구절인 "窮卽變, 變卽通, 通卽久(궁즉변, 변즉통, 통즉구: 궁하면 변하라. 변하면 통하리라. 통하면 영원하리라)"를 언급한 바 있다. 이 문구를 지금 상기해보면 현시점은 '변즉통(변하면 통하리라)' 국면에서 '통즉구(통하면 영원하리라)' 국면으로 전환되는 시기다. 변화의 수용 여부는 더 이상 이슈가 아니다. 변화하지 않으면 낙오될 가능성만 남았다. 세상은 생각보다도 너무 빠르게 변화하고 있다.

WSJ이 예상한 코로나19 이후 거대 변화 11가지

- 강해지는 반세계화 흐름: 글로벌 공급망(Supply Chain) 리스크
- 제로금리 및 거대 부채 시대 도래
- 원격 교육과 재택근무 확산
- 각광받는 소셜 네트워크 서비스
- 디지털 인프라 투자 확대: 5G 투자 확대, 중국의 신인프라 투자 정책
- 생명공학 혁명 가속화
- 원격의료 본격 부상
- 중앙정부 역할 확대
- MICE 산업 변화: 기업회의(Meeting), 포상 관광(Incentives), 컨벤션(Convention), 전시(Exhibition) 산업 생태계 위협. 위기 극복을 위해 미팅 등에 테크놀로지가 확산될 가능성이 높음
- 대규모 관중이 모이는 공연·예술·스포츠 변화
- 여행 및 음식 문화 변화

출처: WSJ, 한경 비즈니스(2020년 4월 14일 기사)

광란의 1920년대가
다시 재연될까?

1920년대 미국을 일컬어 '광란의 20년대(Roaring 20s)'라고 표현한다. 1920년대 미국 경제와 사회 분위기를 대변하는 영화로는 찰리 채플린의 〈모던 타임즈(Modern Times)〉〈위대한 개츠비(The Great Gatsby)〉〈자이언츠(Giant)〉〈언터처블(The Untouchables)〉 등이 있다.

우선 〈모던 타임즈〉는 미국의 경제와 급격한 산업화 및 기계화와 더불어 빈부격차를 풍자한 영화다. 〈위대한 개츠비〉의 경우는 고도 성장, 벼락부자, 저축보다 소비가 권장된 대소비 사이클 시대 개막, 그리고 도덕적 타락 등의 메시지를 담고 있다. 유전개발을 배경으로 한 〈자이언츠〉는 미국 경제가 석탄경제에서 석유경제로 전환되는 에너지 패러다임의 전환과 함께 인종차별 등 사회적 불평등 이슈를 담고 있다. 마지막으로 영화 〈언터처블〉은 금주법 시대로 상징되는 무법의 1920년대를 묘사하고 있다. 금주법은 1920년 1월 발효되어 1933년까지 지속된 법으로, 미국 영토 내에서 알코올음료의 양조·판매·운반·수출입을 금지하는 법률이었다. 그러나 아이러니하게 금주법은 무법의 10년 시대를 탄생시킨다. 금주법이 시행되는 동안 술을 밀수, 밀매하는 갱이 날뛰었기 때문이다. 1920년대를 대변하는 또 다른 단어는 백인우월주의를 내세우는 극우집단인 KKK(Ku Klux Klan)와 소득불균형, 그리고 보호 무역주의다.

이처럼 풍요한 변혁으로 대변되는 광란의 1920년대는 1920년

1차 세계대전(1914~1918년)과 스페인 독감(1918~1919년)이라는 팬데믹을 거치는데, 이 과정에서 미국 경제는 본격적인 성장 궤도에 진입하는 동시에 글로벌 패권국으로 진입한다. 이 시기 미국 경제가 풍요와 더불어 글로벌 패권국으로 올라설 수 있었던 원동력은 무엇보다 2차 산업혁명을 바탕으로 한 기술혁신 사이클이었다.

광란의 1920년대가
다시 소환되고 있는 중

광란의 1920년대를 현시점에서 다시 소환시키는 이유는 현재와 여러 가지로 유사한 현상이 나타나고 있기 때문이다. 공통점은 다음과 같다. 첫째, 팬데믹을 거치면서 새로운 사회, 신경제가 도래한 것이다. 둘째, 혁신 사이클을 통한 급격한 산업화 혹은 산업 구조, 패러다임의 전환이다. 셋째, 새로운 소비 사이클의 등장이다. 넷째, 에너지 패러다임 전환이다. 다섯째, 통화정책 사이클이다. 마지막으로 소득불균형 심화, 보호주의 강화 및 글로벌 패권경쟁 강화다.

구체적으로 1920년대와 현재의 가장 큰 공통점은 혁신 사이클의 시대라는 점이다. 수년 전부터 4차 산업혁명으로 대변되는 디지털경제가 출현했고 코로나19를 거치면서 디지털경제는 괄목할 만한 성장을 보였다. 이제 필요한 것은 1920년대 같은 기술혁신을 기반으로 한 신제품 보급 사이클, 즉 대체수요 사이클의 중장기적 출현

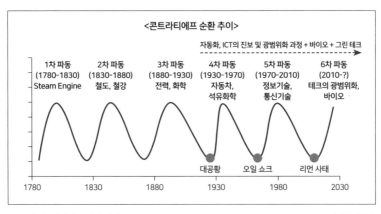

혁신 사이클은 경기 사이클을 춤추게 한다

<콘트라티에프 순환 추이>

자동화, ICT의 진보 및 광범위화 과정 + 바이오 + 그린 테크

1차 파동	2차 파동	3차 파동	4차 파동	5차 파동	6차 파동
(1780-1830)	(1830-1880)	(1880-1930)	(1930-1970)	(1970-2010)	(2010-?)
Steam Engine	철도, 철강	전력, 화학	자동차,	정보기술,	테크의 광범위화,
			석유화학	통신기술	바이오

대공황   오일 쇼크   리먼 사태

1780   1830   1880   1930   1980   2030

출처: 전병서 스페셜 칼럼, Allianz Global Investors Capital Market Analysis, Reuter, 하이투자증권

이다. 다행히 자율 주행차의 보급 사이클이 예상보다 지연되는 가운데 AI 사이클이 성큼 다가왔다. 1920년대 운송수단이 마차에서 자동차로 대변화를 보여주었듯이 AI가 인간를 대체하는 대전환기에 진입할 가능성이 커지고 있다.

새로운 수요 사이클의 등장도 1920년대와의 공통점이다. 신서비스 수요 사이클은 경기와 산업을 춤추게 한다. 1920년대에 내구재와 함께 서비스 관련 신수요가 발생했듯이 현재는 온라인 수요가 이미 대중화 단계에 접어들었다. 여기에 디지털 서비스 수요가 새롭게 탄생하고 있음도 주목할 필요가 있다.

에너지 패러다임 전환 본격화도 새로운 수요를 창출할 것이다. 1920년대 석유 시대가 개막되었듯이 미국은 물론 글로벌 국가들이 그린 인프라 투자에 발 벗고 나서고 있음은 신수요 및 신투자 창

출을 통해 선진국의 잠재성장률을 높이는 요인으로 기여할 공산이 있다.

마지막으로 글로벌 패권경쟁과 이에 따른 신공급망 출현이다. 1920년대 광란의 시대를 기섬으로 글로벌 패권국의 자리는 영국에서 미국으로 자연스럽게 넘어간다. 문화권이 같다는 점이 패권국 이양을 순조롭게 했지만 현재 진행되고 있는 미-중 간 패권경쟁은 누구나 예상하듯이 순탄치 않을 것이다. 다만, 미국과 중국 모두 향후 전개될 산업 패러다임의 핵심인 혁신 기술의 우위를 점하기 위해 과감한 디지털 인프라 투자에 나설 것이다.

한편 '광란의 1920년대' 사이클은 투자 입장에서 경계해야 할 리스크가 무엇인지 분명히 보여주고 있다. 불균형 회복 및 소득불균형 심화, 보호무역주의 및 유동성 버블, 특히 정책 기조 전환 리스크 등이 경기와 투자 사이클의 중요한 변곡점 역할을 할 수 있다는 점을 광란의 1920년대를 통해 알 수 있다. 각종 리스크로 광란의 20년대가 대단원의 막을 내렸다는 점도 최근 갈등 경제 국면에 접어든 글로벌 경제가 직면할 수 있는 위험을 잘 보여주고 있다.

너무 빨리 찾아온
'피크 코리아(Peak Korea)'

역동성이 떨어지면서 한국 경제도
일본과 중국에 이어 피크 코리아 리스크에 직면할 위험이 커지고 있다.

GDP 성장률 1.4%, 연간 수출증가율 -7.5%는 2023년 한국 경제의 성적표다. 고물가와 고금리 그리고 중국 경제 둔화에 따른 영향이 크지만, 2023년은 한국 경제의 민낯이 본격적으로 드러난 한 해로 판단된다. 즉 급격한 변화의 소용돌이에 국내 경제가 커다란 위험에 직면하고 있다. '피크 재팬' '피크 차이나'를 더 이상 강 건너 불 구경하듯 볼 처지가 아니다.

한국 경제도 '피크 코리아' 리스크가 예상보다 빨리 찾아오고 있는 느낌이다. 역동경제의 대명사인 한국 경제에 피크 코리아가 현실화되는 이유는 무엇일까?

대외 리스크 요인들을 살펴보면 한국 경제처럼 수출주도 경제에 우호적인 글로벌 환경이 아니다. 미-중 갈등, 공급망 재편 등으로 쪼개진 글로벌 경제와 산업은 교역 흐름에 큰 악영향을 미치고 있다. 자국 우선주의 확산도 문제다. 주요국 대부분이 세대와 부의 갈등 및 산업 재편의 소용돌이를 맞이하면서, 극단적 민족주의에 기반한 '스트롱맨(Strongman)'으로 일컫는 정치 지도자의 등장과 장기 집권이 자국 우선주의 강화에 따른 교역 위축으로 나타나고 있다.

문제는 글로벌 경제가 팬데믹 이전 수준으로 복귀하기 쉽지 않다는 점이다. 저성장 기조와 제조업 경기의 부진이 장기화될 가능성이 크다. 둘로 쪼개지고 있는 글로벌 경제는 교역 사이클의 둔화로 이어질 것이다. 특히 미-중 간 갈등으로 인해 흔들리고 있는 공급망이 정상화되거나 혹은 새로운 공급망이 구축되기 전까지 교역 규모가 이전과 같이 늘어나기 어려울 공산이 크다. 이는 글로벌 제조업 경기의 장기불황으로 이어질 수 있다. 선진국은 물론 중국 제조업 경기가 장기불황에서 벗어나지 못하고 있는 이유 중의 하나다.

더 이상 제조업으로만
먹고 살기 힘든 시대

글로벌 수요와 투자의 구조적 변화도 국내에는 악재다. 국내 수출과 산업이 반도체 등 IT 업종에 강점을 가지고 있는 것은 분명하지만 여타 중후장대 산업이 국내 수출에서 차지하는 비중 역시 크다. 따라서 상품 중심에서 서비스, 특히 디지털 서비스 중심의 소비 및 투자구조의 변화는 반도체만으로 한국 경제가 험난한 구조전환의 큰 파도를 잘 넘을 수 있을지에 대한 불안감을 키우고 있다. 최근 주요국 증시가 AI 사이클에 힘입어 사상 최고치 랠리를 이어가고 있지만 한국 증시는 박스권을 벗어나지 못하는 답답한 장세를 연출하고 있는데, 이 역시 글로벌 산업 패러다임에 한국 경제가 제대로 대응하지 못하고 있음을 의미한다.

우선 국가별 혁신 순위에서 한국이 밀려나고 있다. 혁신과 IT부문에서 푸대접을 받아오던 독일에도 2년 연속 밀리기 시작했다. 또한 AI지수가 6위라고 하지만, 미국은 물론 AI 산업의 또 다른 강국인 중국과도 다소 현격한 차이를 보이고 있다. AI 산업 특성과 초기 보급률 국면이라는 점을 고려하면 아무리 한국이 AI 산업에 경쟁력이 있다 해도 수혜가 극히 제한적일 공산이 크다.

무엇보다 미국과 비교해 한국의 디지털 관련 투자가 상대적으로 미흡하다. 미국은 4차 산업혁명 붐이 시작된 2010년 중후반부터 관련 투자가 급속히 증가하면서 미국 경제의 강한 성장률을 지지해주었다. GDP 대비 설비투자(유형자산 투자)와 지식재산생산물투자(무형자산 투자)도 이미 역전되었다. 미국 내 모든 투자가 무형자산에 집중되고 있다.

그러나 한국의 현실은 불안하다. 설비투자의 부진 속에 딱히 지식재산생산물투자가 강한 모멘텀을 보여주지 못하고 있다. 이에 따라

GDP 대비 설비투자와 지식재산생산물투자도 큰 변화가 없다. 한국의 AI 등 디지털 산업이 자칫 잘못하면 '서서히 뜨거워지는 물이 아닌 갑자기 뜨거워지는 물 속의 개구리'가 될 처지에 직면해 있다.

피크 차이나(Peak China)와 더불어 중국의 첨단산업 육성 강화도 한국 경제와 제조업에는 악재다. 급격히 변화되고 흔들리고 있는 한-중 교역 구조가 다시 복원되는 게 쉽지 않다. 일단 중국 경제의 빠른 정상화를 기대하기가 어렵다. 중국 의존도를 낮추고는 있지만 단기적으로 탈중국은 쉽지 않은 과제다. 우리나라의 중국 수출 감소분을 미국과 EU 수출로 메꾸기가 벅차기 때문이다. 더욱이 중국과 한국 산업 간 관계 변화 역시 한국 경제의 저성장 리스크를 높이는 요인임을 간과해서는 안 된다.

한국과 중국은 그동안 상호보완적 산업 및 수출구조를 보여왔다. 한국이 자본재와 중간재를 중국에 수출하고 중국은 이를 완성품으로 만들어 수출하는 수직적 분업구조를 유지해왔다. 그러나 중국 산업이 알게 모르게 비약적으로 성장하면서 더 이상 한국산 자본재와 중간재를 수입할 필요성이 낮아졌다. 한국과 중국 간 관계가 수직적 관계가 아닌 수평적 관계, 즉 경쟁 관계로 변화된 것이다. 여기에 미국의 '대중 칩(Chip) 포위망' 강화 움직임은 가뜩이나 꼬여 있는 한-중 교역을 더욱 어렵게 할 공산이 크다. 한-중 교역이 자칫 피크 코리아에 큰 악재로 작용할 가능성이 커지고 있다.

전 세계는 반도체 패권을 둘러싼 무한 반도체 전쟁, 즉 '칩 워(Chip War)'에 진입했다. 미국과 중국은 물론 EU마저도 반도체 전쟁에 뛰

어들었는데, 미국과 EU의 경우 약 110조에 달하는 보조금을 지원할 계획이다. 여기에 중국과 일본, 인도, 사우디아라비아 등도 칩 워 전선에 적극적으로 참여하고 있다. 정말 반도체를 중심으로 한 신산업을 두고 전 세계가 무한 전쟁에 돌입했고 이는 한국 제조업에 커다란 위험 요인이다.

중국발 2차 쇼크는
중국 기업의 한국 내수 위협

오히려 중국이 한국 내수시장마저도 위협하기 시작했다. 알리, 테무를 중심으로 한 전자상거래 업체의 한국 시장 점유율이 빠르게 증가하고 있다. 저가라는 가격경쟁력을 바탕으로 물량 공세를 펼치고 있는 중국 전자상거래 업체의 한국 점유율 확대는 어찌 보면 시간의 문제일 뿐 불가항력적 추세다. 내수를 기반으로 하는 중소 제조업체의 생존마저 위협받을 공산이 커졌다. 통계청 발표에 따르면 2023년 중국 온라인 해외 직구 규모(=직접 구매액)는 3조 2,873억 원으로 2022년 대비 두 배 이상 증가했다. 2019년 5,081억 원, 2021년 1조 3,362억 원을 돌파한 이후 가파른 성장 속도를 기록하고 있다.

대외적 요인과 더불어 전 세계 1위 수준의 대내 리스크도 피크 코리아를 압박하고 있다. 초고령사회에 성큼 다가선 인구 사이클, 가계부채 등 한계에 이르고 있는 부채 리스크, 사회적 갈등 심화와 함

'피크 코리아'를 촉발시키는 대내외 요소

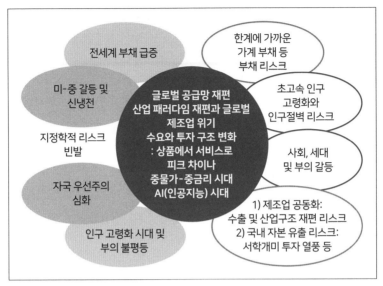

전세계 부채 급증

한계에 가까운
가계 부채 등
부채 리스크

미-중 갈등 및
신냉전

초고속 인구
고령화와
인구절벽 리스크

지정학적 리스크
빈발

글로벌 공급망 재편
산업 패러다임 재편과 글로벌
제조업 위기
수요와 투자 구조 변화
: 상품에서 서비스로
피크 차이나
중물가-중금리 시대
AI(인공지능) 시대

사회, 세대
및 부의 갈등

자국 우선주의
심화

1) 제조업 공동화:
수출 및 산업구조 재편 리스크
2) 국내 자본 유출 리스크:
서학개미 투자 열풍 등

인구 고령화 시대 및
부의 불평등

출처: 하이투자증권

께 취약한 내수 기반 등은 자칫 피크 코리아 시기를 앞당길 수 있다. 또한 최근 서학개미로 대변되는 해외 주식투자가 대세화되고 있다. 미국 주식 등 해외 주식이 수익률 측면에서 한국 주식투자보다 매력적이기 때문인데, 이는 피크 코리아 가시화와 무관하지 않다.

K-콘텐츠, K-푸드 등 한국 제품의 매력이 높아지는 부문도 있지만 전반적인 한국의 매력도는 이전만 못하고 앞으로도 투자 매력도를 높이기 쉽지 않다. 역동성을 잃어가고 있는 한국 경제가 피크 재팬, 피크 차이나를 답습할 리스크가 커지고 있다.

- 끝나지 않을 것 같은 미-중 갈등: 30년 전쟁에 대비
- 미국이 공급망 재편에 나설 수밖에 없는 이유
- 글로벌 공급망 재편 효과①: 미국 경제 및 산업 주도권 복원중
- 글로벌 공급망 재편 효과②: 피크 차이나 현실화
- 미국 대선이 있는 2024년은 공급망 재편과 미-중 전쟁의 또 다른 분수령
- 글로벌 공급망 재편의 수혜자, 돈은 알고 있다

CONFLICTING

2장

세상을 둘로 쪼개는 글로벌 공급망 재편

정치적 의미의 신냉전 체제 가시화도 걱정스럽지만 더욱 우려되는 것은 경제적 측면의 신냉전 체제 현실화다. 1~2년 정도면 끝날 것으로 예상되었던 미-중 간 갈등은 세계 경제의 주인 자리를 둔 패권경쟁으로 격화되었다. 이는 세계 경제 활동의 중심에 있던 공급망 체제, 즉 글로벌 산업 분업 구조 와해로 이어지고 있다. 무엇보다 미국과 중국을 축으로 한 편가르기식 공급망 재편은 글로벌 저성장 압력을 높이는 동시에 물가에 큰 부담을 줄 공산이 높다. 더욱이 편가르기 공급망 재편 구도는 한국 경제 입장에서는 기회보다 위기로 작용할 가능성이 크다.

- 글로벌 경제의 패권 자리는 나눌 수 없다. 미국과 중국 간 패권경쟁은 언제 끝날지 모를 장기 전쟁으로 가고 있다.

- 미국 주도의 글로벌 공급망 재편은 단순히 중국 견제용이 아닌 향후 수십 년간의 패권과 먹거리가 달려 있는 전쟁이다.

- 아직까지 승자독식인 글로벌 공급망 재편 전쟁에서 미국이 주도권을 찾으면서 미국 경제가 공급망 재편의 수혜를 받기 시작했다.

- 미국 주도의 공급망 재편으로 중국이 받은 악영향은 당초 예상보다 큰 상황이며 피크 차이나 압력을 가중시키는 원인 중의 하나로 작용하고 있다.

- 2024년 11월 실시되는 미국 대선의 결과에 따라 미국의 대중 전략 역시 다소간의 변화가 있을 수 있다.

- 미국 공급망 재편으로 이미 수혜국이 나타나고 있지만 한국은 수혜국인 동시에 피해국이기도 하다는 인상을 지울 수 없다.

끝나지 않을 것 같은 미-중 갈등: 30년 전쟁에 대비

글로벌 경제의 패권 자리는 나눌 수 없다.
미국과 중국 간 패권경쟁은 언제 끝날지 모를 장기 전쟁으로 가고 있다.

2017년 트럼프 대통령 취임과 함께 본격화된 미-중 간 갈등이 거의 10년 가까이 지속되고 있지만 갈등만이 증폭되고 있다. 표면적으로 무역 불균형에서 시작된 미-중 갈등은 이제는 상대방을 쓰러트리지 않으면 안 되는 총성 없는 패권전쟁으로 변질되었다.

미-중 패권전쟁을 두고 빈번히 '투키디데스의 함정(Thucydides Trap)*'에 빗대어 설명하곤 한다. 거창하게 얘기하면 한 자리밖에 없

---

* 새로운 강대국이 부상하면 기존의 강대국이 이를 두려워하게 되고, 이 과정에서 전쟁이 발발한다는 뜻의 용어.

는 지구의 주인 자리를 찾기 위해 미-중 간 전쟁이 시작된 것이다. 지난 500년 동안 지구상에서 벌어진 투키디데스의 함정은 모두 16차례로 알려져 있다. 그리고 그중에서 12차례는 전면전으로 확대 발전한 것으로 여겨진다. 아마 향후 역사가들은 미-중 패권전쟁을 13번째의 전면전 사례로 기록할 것이다.

역사적 사례가 아니더라도 우리가 그동안 체감했던 미-중 간 패권전쟁은 쉽게 끝날 수 없는 전쟁임을 인식할 수 있다. 이 전쟁은 투키디데스의 함정 사례와 또 다른 복잡한 이해관계가 얽힌 복합적 패권전쟁의 성격을 지니고 있어 한 세대 이상의 전쟁으로 기록될 가능성도 높다.

미-중 패권경쟁의 장기화를 예상하는 이유는 미국의 강력한 창에 중국도 강한 방패로 맞설 것이기 때문이다. 현재 중국이 부채 리스크를 동반한 저성장 위험에 직면했지만, 그렇다 해도 미국과의 타협보다는 대립을 선택할 것이다. 중국 지도부 입장에서는 경제적 성장보다 체제 수호가 더욱 중요한 가치이기 때문이다. 만약 중국이 미국과의 타협을 선택한다면 이는 사회주의 체제의 포기를 의미하는 것일 수 있다. 따라서 체제수호라는 강력한 방패로 미국에 맞설 것이 분명하다. 더욱이 2024년 11월 미국 대선이 다가오면서 미-중 갈등은 더욱 심화될 여지가 크다. 이미 미국은 전기차 등 중국의 첨단제품에 대한 관세정책을 선포했고 중국도 이에 맞대응에 나설 전망이다. 그 일환으로 중국은 미국 국채 보유 규모를 축소하는 일종의 화폐 전쟁에 벌이고 있다.

중국몽은 중국이 포기하기 어려운 꿈

우리가 잘 알고 있는 중국 개혁개방의 핵심 전략이었던 '덩샤오핑의 도광양회(빛을 감추고 은밀하게 힘을 기른다)' 및 '흑묘백묘론(자본주의든 공산주의든 국민을 잘살게 하면 된다)'은 표면적으로 중국 경제의 자본주의 체제 전환으로 해석될 수 있지만, 결과론적으로 사회주의 체제를 유지하기 위한 전략적 선택이었다. 더욱이 시진핑 체제가 들어서면서 중국은 내면에 숨겼던 사회주의 체제 공고화 의지를 분명하게 드러내고 있다. 우연의 일치인지 시진핑 국가 주석이 2012년 취임 직후 밝힌 중국몽(중화민족의 위대한 부흥을 실현하겠다는 야망)을 미-중 갈등이 시작된 2017년 전당대회에서 32차례나 언급했다. 2050년까지 중국을 세계 최강국 반열에 올려놓겠다는 야심을 대내외에 천명한 것이다. 그리고 공동부유와 공산당 지배력 강화를 위해 경제적 희생을 감내하더라도 사회주의 체제 강화에 모든 역량을 쏟고 있다. 서방의 강한 비판에도 불구하고 홍콩과의 일국양제를 사실상 무력화시키고 대만 통일의지를 강하게 밝히고 있는 것도 중국의 사회주의 체제 수호 의지 및 중국몽 야망을 읽을 수 있는 대목이다.

경제적 이유도 중국이 미국과의 대립을 선택할 수밖에 없는 이유가 아닐까 싶다. 중국 경제가 심각한 위기에 직면한 것을 부인하기는 어렵다. 팬데믹이라는 돌부리에 걸려 넘어진 중국 부채 자전거는 간단한 수리로 고칠 수 없다. 그동안 고성장 속에서 눈덩이처럼 불어난 부채는 어찌 보면 통제하기 어려운 수준에 이르렀고 여기에 각종 투자과잉과 인구 사이클 등은 중국 경제의 중진국 함정 혹은 장기 디플레이션 리스크를 현실화시키고 있다.

중국 경제가 직면한 위험, 즉 피크 차이나 리스크를 해소할 해법은 있을까?

그 해법은 누구도 알 수 없지만 미국과의 타협이 해법은 아닐 것이다. 중국이 미국과의 타협을 선택할 경우 과거 이머징 국가들이 했던 것처럼 대규모 구조조정과 자본시장 개방을 단행할 것이다. 이는 역사적 사례에서 확인되듯 단기적으로 중국 경제를 심각한 침체에 진입시킬 것이며, 체제 위험으로 작용할 공산이 크다.

중국 경제가 개혁·개방된 상태지만 자본시장 등을 중심으로 규제 혹은 폐쇄적 특성을 가지고 있음을 고려할 때 현 위기를 미국의 도움으로 푼다면 큰 혼란을 초래할 것은 자명하다. 물론 미국과의 타협이 꼭 나쁜 것은 아니지만 단기적으로 큰 충격을 감내해야 하는 상황을 중국 정치권이 받아들이기는 어렵다. 오히려 공산당 지배력 강화를 위해 경제적 희생을 감내해야 한다는 의지가 강할 것이다.

미국을 따라잡을 수 있다는 중국만의 자신감도 타협보다 패권전쟁을 선택하는 또 다른 이유다. 지난 1세기 동안 경제규모 측면에서 미국 GDP의 70% 수준을 넘어선 국가는 하나도 없었다. 2차 세계대

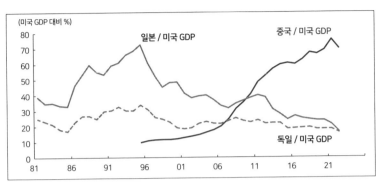

미국 GDP 대비 일본, 독일 및 중국 GDP 추이

(미국 GDP 대비 %)

출처: 세계은행, 하이투자증권

전 이후 미국의 맞수로 부상했던 일본 GDP 수준도 1990년대 초반 미국 GDP 대비 70% 수준까지 상승했지만 미국과의 패권경쟁에서 타협을 선택하면서 위상이 급격히 추락한 바 있다. 그러나 중국의 경우 시간문제일 뿐 미국 GDP 수준에 버금가는 GDP 수준을 기록할 유일한 국가가 될 가능성이 크다. 중국도 이를 알고 있어 미국과의 타협보다 시간과의 싸움을 선택했고 이를 통해 패권전쟁에서 궁극적으로 승자가 되리라는 생각을 하고 있을 것이다.

예가 적절할지 모르지만 중국 전기차는 비약적으로 성장중이다. 중국 전기차 선두업체인 비야디(BYD)의 경우 2023년 4분기 기준 순수 전기차 판매에서 미국의 테슬라를 앞서기 시작했고 글로벌 판매 랭킹에서도 글로벌 10위권에 진입했다. 거대한 내수시장을 발판으로 일부 신산업 부문에서 중국은 나름의 위치를 강화하고 있다. 이런 분위기가 중국이 미국과의 패권전쟁에 물러서지 않는 이유일 것이다.

요약하면 중국 입장에서는 미국과의 패권전쟁에서 상당 기간 큰 고통을 받겠지만 타협을 통해 전쟁을 끝낼 여지는 적다. 따라서 미-중 패권전쟁은 언제 끝날지 알 수 없는 장기 전쟁이 될 것이 분명해 보인다.

미국이 공급망 재편에
나설 수밖에 없는 이유

미국 주도의 글로벌 공급망 재편은 단순히 중국 견제용이 아닌
향후 수십 년간의 패권과 먹거리가 달려 있는 전쟁이다.

　바이든 대통령 취임 이후 미국의 글로벌 공급망 재편은 탄력을 받고 있다. 미-중 패권경쟁이 서로 간에 양보하기 어려운 장기 전쟁이라면 미국도 이에 대한 대비가 필요하다. 무엇보다 미국은 코로나19 팬데믹을 거치면서 과도한 중국 의존도가 초래할 수 있는 부작용을 짧게나마 경험했다. 유행병이 아니더라도 정치적 이유로 중국이 미국에 수출 빗장을 걸어 잠글 경우 미국은 속수무책으로 당할 수밖에 없다. 따라서 중국을 대체하기는 어렵지만 미국 경제 및 산업활동의 핵심적인 기술과 제품에 대해서는 안정적인 대체 공급망을 확보할 필요성이 커졌다.

향후 수십 년간 먹거리 역할을 할 기술혁신의 과실을 자칫 중국에 모두 뺏길 경우 미국은 패권국 지위를 중국에 뺏길 것이라는 불안감이 있다. 중국을 제외한 신산업 중심의 공급망 구축의 필요성이 커진 것이다. 소위 미국의 기술 디커플링 정책은 드러나지 않았지만 중국의 추가 성장이 미국을 위협할 것이라는 공포감에서 비롯된 것으로 해석된다. 참고로 미국의 대중국 디커플링(decoupling)은 기존의 글로벌 공급망에서 중국을 완전히 배제하는 개념이며, 디리스킹(derisking) 전략은 완전한 배제보다 위험 요인을 제거하는 데 초점을 맞춘 전략이다.

미국 주도의 공급망 재편 추진의 또 다른 이유로는 ① 공존 성장 모델의 한계, ② 국제 분업화 한계에 따른 물가 리스크, ③ 자본 디커플링 혹은 달러화 위기, ④ 중국과의 초격차 유지, ⑤ 자국 우선주의 팽배가 있다. 큰 맥락에서 보면 중국 성장에 대해 미국이 느끼는 위협감이지만, 2008년 금융위기 이후 급격하게 변화된 경제 및 사회적 변화도 미국이 공급망 재편에 적극적으로 나서게 하는 요인이다.

글로벌 성장 파이가
커지지 않고 있다

좀 더 구체적으로 살펴보면 대공황을 고민할 정도의 글로벌 금융위기를 겪으면서 글로벌 경제의 성장 파이는 이전의 모습을 찾지 못하고 있다. 미국도 최근에는 강한 성장 모멘텀을 보이고 있지만 금융위기 이후 2010년대에는 미 연준의 유동성에만 의존하는 저성장 흐름이 고착화되었다. 중국 역시 투자과잉에 따른 후유증이 2010년대 중국 경제를 지배했다. 미국과 중국이 사이좋게 나눠 먹을 수 있는 파이가 급격히 줄어들면서 승자독식의 게임이 시작된 것이다. 1990년대 초반 냉전체제 종식 이후 미국 주도하의 공존 성장 모델의 한계가 2010년대 가시화되었으며, 이것이 기존 공급망의 와해를 부채질한 것 같다.

팬데믹 이후 현실화된 고물가 현상도 공급망 재편을 가속화시켰다. 저임금을 기반으로 한 중국 제조업 중심의 분업구조가 한계에 이른 것이다. 미국이 중국을 WTO 체제에 편입시키는 국제 분업화 구조는 수십 년간 글로벌 경제의 장기 저물가 기조에 큰 기여를 했다. 그러나 국제 분업화 수명이 중국을 대체할 제조업 기지를 찾지 못하면서 한계에 이르렀다. 팬데믹도 큰 일조를 했지만 근본적으로는 투자과잉, 임금상승 등으로 중국의 글로벌 제조업 공장 역할이라는 한계가 작금의 고물가 현상으로 이어졌다. 더욱이 전 세계의 공통적 현상인 심각한 고령화 현상에서 중국도 예외가 아니라는 점은 저물가 시대의 종료를 예고하고 있다. 따라서 미국 입장에서는 물가안정을 지탱할 안정적 공급망 재편이 절실해지면서 공급망 재편에 속도를 내는 것이다.

미국이 중국과의 격차 유지를 위해 글로벌 자금의 중국 쏠림 현상을 막아야 할 필요성이 커진 점도 주목할 만한 대목이다. 미-중 간

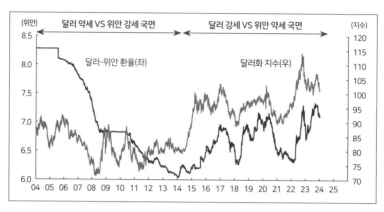

출처: Bloomberg, 하이투자증권

패권전쟁이 본격화되기 이전에 막대한 글로벌 자금은 중국 블랙홀에 빨려 들어갔다. 자본의 중국 쏠림 현상은 중국이 미국과의 경제적 및 기술적 격차를 줄여가는 데 큰 원동력이었다. 특히 중국 경제 부상 이후 달러화에 대한 신뢰도 저하는 막대한 부채를 안고 있는 미국 입장에서는 그 어느 것보다 치명적 위협이었다. 달러 체제마저 흔들릴 경우 미국과 중국 간 격차가 순식간에 줄어들거나 역전마저도 그저 바라볼 수밖에 없는 상황에 처할 것이 분명하다. 미국이 1900년대 초반 영국을 제치고 글로벌 패권국 위치를 차지할 수 있었던 결정적 계기는 파운드화 체제 붕괴로 보는 것이 타당하다. 따라서 달러 체제를 유지하기 위해서는 중국에 대한 자본 디커플링이 절실했고, 이를 위해 중국을 제외한 신기술 중심의 공급망 재편이 강하게 추진된 것으로 여겨진다.

이 밖에도 글로벌 금융위기 이후 미국을 위시한 주요 선진국 내 소득불균형 심화 및 중산층 붕괴라는 사회적 불평등 심화는 정치적으로 자국 우선주의 심화로 이어졌다. 스트롱맨으로 상징되는 정치인들이 주요국 지도자로 나서면서 극단주의가 보편화되는 현상이 이어졌고 이는 자국 우선주의로 귀결되었다. 경제적 과실을 나누어 주기보다 중산층 몰락 위기를 막는 일자리 창출을 위해 미국도 자국 우선주의 정책인 공급망 재편에 나선 것이다.

글로벌 공급망 재편 효과①: 미국 경제 및 산업 주도권 복원중

아직까지 승자독식인 글로벌 공급망 재편 전쟁에서
미국이 주도권을 찾으면서 미국 경제가 공급망 재편의 수혜를 받기 시작했다.

　미국 주도의 공급망 재편 효과를 논하기에는 이른 감이 있다. 하지만 미국이 글로벌 경제 및 산업 주도권을 회복하는 데 공급망 재편이 큰 기여를 하고 있다. 공급망 재편의 효과는 교역 및 투자에서 확인되고 있다. 특히 우선적으로 우리가 주목할 현상은 급격히 낮아진 미국의 대중국 의존도다. 미국의 글로벌 공급망 재편 전략이 본격화되면서 전체 미국 교역(수출+수입)에서 중국이 차지하는 비중은 16% 수준에서 약 11% 수준대로 급락했다. 중국 공백은 멕시코, 캐나다 및 인도 등으로 메워지고 있다.

　글로벌 공급망 재편의 주요 전략인 리쇼어링 정책과 니어쇼어링

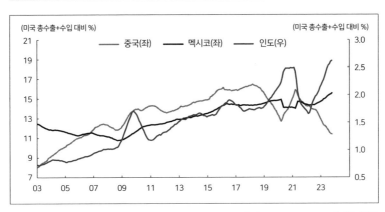

미국의 주요 교역 파트너 비중 변화 중

(미국 총수출+수입 대비 %)   (미국 총수출+수입 대비 %)

중국(좌)   멕시코(좌)   인도(우)

출처: Bloomberg, CEIC, 하이투자증권

정책, 프렌드쇼어링 정책이 효과를 나타내고 있다. 여기서 리쇼어링 정책은 해외에 나가 있는 자국 기업들에게 각종 세제 혜택과 규제완화 등의 이점을 제공함으로써 자국으로 불러들이는 정책을 말한다. 그리고 니어쇼어링 정책은 기업이 생산 및 서비스를 위한 업무를 이전할 때, 본국과 가까운 인근 국가로 이전하는 정책을 일컫는다. 마지막으로 프렌드쇼어링 정책은 우호 관계에 있는 국가나 동맹국들과 공급망을 구축하는 정책을 의미한다. 이 전략들이 시사하는 바에 대해 우리도 예의 주시할 필요가 있다.

최근 들어 바이든 행정부가 재정 부담에도 불구하고 강력히 추진하고 있는 인플레이션감축법(IRA) 및 반도체칩과 과학법(CHIPS and Science Act of 2022) 등이 아마도 미국 주도의 글로벌 공급망 재편 전략에 힘을 더해줄 공산이 크다.

미국 경제에 리쇼어링 정책 효과가
가시화되고 있는 중

교역뿐만 아니라 공급망 재편의 효과는 미국 경제와 주식시장에도 긍정적인 영향을 미치고 있다. 단적인 예로 미국 내 제조업 건설투자가 호황을 기록하고 있는 중이다. 제조업 건설투자는 2023년 (1~11월) 월평균 70%(전년 동월 기준) 이상 증가했다. 건설투자에서 제조업 관련 건설투자가 차지하는 비중도 10%를 상회하는 사상 최고치를 보이고 있다. 유수의 글로벌 기업들이 미국의 리쇼어링 정책에 발맞춰 미국 내 제조업 생산 기반을 확충하면서 미국의 제조업 투자가 유례없는 호황을 누리고 있다.

리쇼어링 정책의 파급 효과는 고용시장에도 나타나고 있다. 주지하다시피 미 연준이 인플레이션 억제를 위해 기준금리를 2022년 3월 이후 1년 6개월 사이 5.25%p 인상했지만 과거와 달리 고용시장이 흔들리지 않고 있다. 여기에는 리쇼어링 정책도 한몫을 담당하고 있다.

글로벌 금융위기 전후 미국 고용과 경기를 대변하는 단어는 '고용 없는 회복(Jobless-Recovery)'이었지만 지금은 '고용이 풍부한 회복(Job-rich Recovery)'으로 변화되었다. 고용이 풍부한 회복은 베이비붐 세대의 은퇴와 더불어 팬데믹과 자국 우선주의로 인한 이민자 감소 등이 원인으로 꼽히지만, 리쇼어링 정책 효과를 빼놓고 얘기하기는 힘들다.

매그니피센트7,
미국 증시 랠리를 주도

미국 주식시장에도 공급망 재편 효과가 톡톡히 반영되고 있다. 단순히 미국 주가의 상승이 아니라 공급망 재편의 핵심산업 비중이 주식시장의 틀을 변화시키고 있다. 소위 미국 기술혁신을 견인하고 있는 매그니피센트7*의 비중이 절대적으로 커졌다. S&P500 시가총액 기준으로 매그니피센트7의 비중은 2019년 16%에 불과했지만 2023

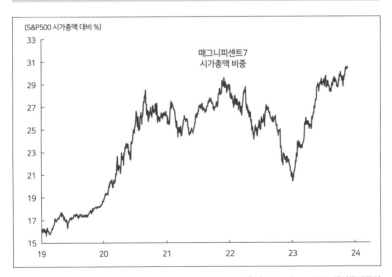

매그니피센트7 시가총액 비중은 S&P500의 약 30% 수준

(S&P500 시가총액 대비 %)

매그니피센트7
시가총액 비중

출처: Bloomberg, CEIC, 하이투자증권

---

* 매그니피센트7: 애플, 아마존, 알파벳, 메타, 마이크로소프트, 엔비디아, 테슬라를 말함.

년에는 동 비율이 30% 이상으로 상승했다. 사실상 미국 주식시장은 매그니피센트7이 좌지우지하고 있다 해도 과언이 아니다.

새로운 기술혁신 시대를 맞이하여 미국이 자체적인 공급망 구축에 나선 것이 미국 경제와 주식시장을 한 단계 레벨업시키고 있다. 필자가 2021년 발간했던 『테크노믹스 시대의 부의 지도』에서 주장했던 테크노믹스 시대가 본격적으로 개막되는 시점에 미국은 서둘러 공급망 재편에 나섰고, 이를 통해 그동안 상실했던 글로벌 경제 및 산업 주도권을 복원하는 중이다.

글로벌 공급망 재편 효과②:
피크 차이나 현실화

미국 주도의 공급망 재편으로 중국이 받은 악영향은 당초 예상보다
큰 상황이며 피크 차이나 압력을 가중시키는 원인 중의 하나로 작용하고 있다.

미국의 공급망 재편의 최대 피해자는 중국이다. 공급망 재편의 타 깃이 중국이었다는 점에서 당연한 결과이지만 후폭풍은 예상외로 크다. 팬데믹이 결정적인 영향을 미쳤지만 중국의 부동산발 부채 리 스크 등으로 인한 저성장 리스크가 조기에 현실화된 데는 공급망 재 편을 둘러싼 미-중 갈등도 큰 몫을 했다.

트럼프 대통령 시절 미-중 갈등은 시작되었지만 중국 경제에 준 충격은 당시에는 제한적이었다. 그러나 미-중 갈등이 무역갈등에서 기술혁신 패권경쟁과 공급망 재편으로 격상되면서 중국의 상황은 급격히 악화되었다. 무엇보다 글로벌 자금의 탈중국 현상인 피크 차

이나* 현상은 공급망 재편이 속도를 내면서 가속화되었다.

피크 차이나 현상은 여러 각도에서 설명될 수 있지만 글로벌 자금 이탈의 관점에 초점을 맞춰볼 필요가 있다. 미국과의 패권경쟁 초기 국면에서 중국은 타협을 통해 해결을 모색했다. 트럼프 대통령 시절 미-중 간 무역 합의를 통해 갈등을 봉합하려는 노력도 했기 때문이다.

그러나 팬데믹 충격과 시진핑 체제 장기화 구축 과정에서 중국은 더 이상의 협상보다는 국가자본주의 색채를 강화했다. 사회주의 체제 공고화를 위해 빅테크 등 대기업의 국가 통제를 강화하고 애국주의를 확산시켰다. 이른바 보이지는 않지만 새로운 죽의 장막을 치는 정책을 강화했다. 노동, 토지, 자산에 대한 국가 통제를 한층 강화하는 동시에 기술 및 데이터에도 국가라는 장벽을 친 것이 글로벌 자금의 탈중국화 현상을 가속화시켰다.

피크 차이나를 가장 극명하게
보여주는 사례는 주가와 고용시장

신기술 중심의 공급망 재편을 통해 미국 주식시장은 고금리 충격을 이겨내고 상승하고 있지만 중국 증시는 깊은 수렁으로 점점 더

---

* 피크 차이나: 중국의 성장세가 정점을 찍고 내리막길에 진입했다는 의미.

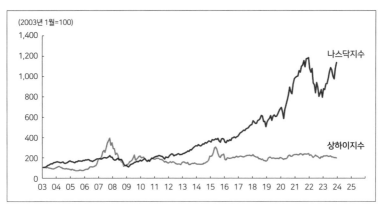

2018년 미-중 패권전쟁 이후 미국 나스닥과 중국 상하이 주가지수 추이

(2003년 1월=100)

나스닥지수

상하이지수

출처: Bloomberg, 하이투자증권

빠지고 있다. 특히 2023년 중국 증시는 전 세계 국가 중에서 유일하게 처참한 한 해를 보냈다. 상하이 종합지수는 전년 대비 3.7% 하락했으며 2022년(15% 하락)에 이어 2년 연속으로 하락을 거듭했기 때문이다. 하지만 홍콩 증시의 상황은 그야말로 최악이었다. 2023년에 항셍지수는 13%가 하락했는데, 이로써 4년 연속 하락이라는 불명예도 함께 떠안았다. 국내 ELS 상품의 기초자산이 되는 홍콩 H지수 역시 4년 연속 하락하면서 우리나라에도 악영향을 크게 주고 있다. 홍콩 H지수를 살펴보면 팬데믹 직후였던 2021년 초에 비해 무려 반토막이 났다.

미국 나스닥지수가 사상 최고치를 눈앞에 두고 있지만 중국 증시의 끝 모를 추락세는 언제 종료될지 모른다. 이는 중국 첨단기업에 대한 미국의 강력한 규제를 통해 중국의 기술혁신 관련 공급망이 흔들린 영향으로 평가된다. 2000년 중후반 폭발적으로 팽창하던 중국 주식시장이 이처럼 날개 없는 추락을 하리라고는 누구도 상상하지 못했다. 특히 아시아 금융허브였던 홍콩은 물론 홍콩을 대신해 금융 허브 역할을 할 것으로 기대했던 상하이의 위상이 추락한 것은 시진핑이 강하게 천명했던 중국몽이 중국 내 메아리로 그칠 공산이 커지고 있음을 의미한다.

증시 등 자본시장의 자금이탈과 더불어 피크 차이나 현상을 가장 잘 보여주는 또 다른 사례는 고용시장이다. 미국과의 패권경쟁은 부채 리스크를 떠나 중국 경제의 내수와 수출경기의 심각한 동반 부진 현상, 즉 쌍절벽 리스크로 확산되고 있다. 수출부진의 장기화 및 내수시장 위축으로 GDP 성장률 수준은 통상적으로 알고 있던 중국의 성장 모습과는 확연한 차이를 보여주고 있다. 게다가 글로벌 제조업 경기 부진 속에 미국의 대중 규제 압박은 중국의 글로벌 제조업 공장 역할을 약화시키면서 중국 수출경기의 장기 부진으로 이어지고 있다.

더욱 심각한 것은 내수절벽이다. 2023년 초 제로 코로나 정책에서 위드 코로나로 전환되면서 폭발적 보복소비가 중국 내수시장의 정상화로 이어질 것으로 기대했지만 현실은 내수 부진 장기화로 나타났다. 부동산발 부채 리스크도 원인이었지만 중국의 수출부진과 미국 규제에 대응한 중국의 국가자본주의 기조 강화가 결정적으로 고용시장에 충격을 주면서 내수절벽 위기를 초래했다.

중국 청년층의
구직 포기 급증

근자에 들어 중국 노동시장의 심각성을 반영하는 신조어가 등장했다. 대표적인 신조어가 '탕핑족'이다. 이는 부모에게 의존해 생활하는 전업자녀를 의미하는데, 심각한 구직난으로 청년들이 일자리를 오랫동안 찾지 못하면서 부모한테 의존할 수밖에 없는 세태를 빗댄 말이다. 이는 '고용이 풍부한 회복(Job-rich Recovery)'이라는 신조어가 나올 정도로 구인난에 직면한 미국의 현실과는 대조된다.

2000년 초 IT 버블붕괴에 이은 금융위기로 국가 위상이 추락하고 심각한 고용시장에 직면했던 미국은 장기 호황을 기대할 정도로 강한 성장 모멘텀을 회복했다. 반면 중국은 피크 차이나라는 장기 저성장 틀에 갇히고 있음은 아이러니다. 조금 과장해서 중국 경제가 10~15년간의 호황을 마무리하고 성장의 주도권을 재차 미국으로 넘겨주는 기폭제가 미-중 패권경쟁과 공급망 재편의 결과가 아닌가 싶다.

중국 내 심각한 청년 실업률 상황을 빗댄 신조어

탕핑족(躺平族): 드러누워 아무것도 하지 않는다는 뜻으로 부모에게 의존해 생활하는 '전업자녀'를 의미
만취업(慢就業): 느린 취업
취업유예: 만취업 중 졸업 후 미취업 상태로 2년간 후커우(戶口·호적)를 학교에 유지하는 대신 이 기간에 취업이나 출국, 결혼을 할 수 없는 '취업 유예' 신청자

출처: 각종 기사 참조

미국 대선이 있는 2024년은 공급망 재편과 미-중 전쟁의 또 다른 분수령

2024년 11월 실시되는 미국 대선의 결과에 따라
미국의 대중 전략 역시 다소간의 변화가 있을 수 있다.

2024년 11월 미국 대선이 실시된다. 민주당과 공화당 대선 후보가 결정되지 않았지만 바이든과 트럼프 간 재격돌은 분명하다. 과거에 비해 전 세계의 미국 대선 관심도도 그 어느 때보다 높다. 중국 입장에서는 미 대선 결과에 더욱더 관심을 가질 것이다. 바이든 대통령의 재선이든, 트럼프 후보의 재당선이든 미국의 대중국 전략은 기본적으로 변화되지 않겠지만 중국을 대하는 미국의 정책 대응이 크게 달라질 가능성이 있다. 만약 트럼프 대통령이 당선된다면 거칠고 공격적인 대중국 정책이 펼쳐질 것으로 보인다.

바이든 대통령은 대중국 전략을 디커플링에서 디리스킹으로 전

미국 행정부별 리쇼어링 정책 변화

오바마 행정부 (2009~2016년)	트럼프 행정부 (2017~2020년)	바이든 행정부 (2021년~)
2008년 금융위기 이후 경제성장과 일자리 창출원으로서의 제조업 중요성 부각	'미국 우선주의', 공격적 무역정책	공급망 복원력 향상 위해 리쇼어링 장려
세제 인센티브, 보조금, 인프라, 혁신정책, 인적자원 육성	2017년 법인세율 인하(35% → 21%) 등으로 2017~2020년 31만 개 일자리 창출	안보, 무역통상, 산업정책 간 연계 강화
2011~2016년, 21만 개 제조업 일자리 창출	중국으로부터의 리쇼어링 활발. 제조업 수입의 중국 의존도는 2017년 26.2% → 2020년 22.2%로 하락	미국산 물품구매 의무 강화 행정명령 등
임기 말 본국회귀 일자리 규모와 해외 유출분 동등해지며 일자리 대외 순유입 전환	무역/통상 정책에 치중. 구체적 산업 연계 정책은 다소 미흡	반도체 투자 증가로 컴퓨터/전자기기 부문 급등. 중고위 이상 기술산업 일자리 비중 전년 58% → 80%까지 확대

출처: 국제금융센터, 하이투자증권

환하면서 첨단부문을 제외한 영역에서 일정 부분 중국의 역할을 인정하는 방향으로 정책을 수정중이지만, 트럼프 전 대통령은 자국 우선주의에 기반한 강력한 디커플링 정책을 추진할 것이 예고된다. 실제로 트럼프 전 대통령은 첨단기술 접근성 및 영향력 제한, 대중 수출통제, 대중 투자 심사 및 인력 교류 제한 등 현재보다 강력한 대중 디커플링 정책을 이미 공약중이다. 만약 트럼프 전 대통령이 당선되고 공약한 대중 디커플링 정책을 실시한다면 미-중 간 패권경쟁은 더욱 첨예화될 것이다. 시진핑 주석 입장에서도 애국주의를 전면에 건 미국과 사실상 전면적 전쟁에 나설 가능성도 배제할 수 없다.

공급망 재편이 아닌
공급망 양분화 리스크는 잠재해 있다

　시나리오지만 미 대선 이후 미-중 관계가 더욱 격화된다면 공급망 재편 이상으로 공급망이 양분화되는 최악의 상황이 전개될 수도 있다. 지나 러몬도 미국 상무부 장관이 2023년 12월 초 중국이 AI 등 첨단기술을 확보하지 못하게 하려면 동맹과 수출통제 공조가 중요하다고 강조하면서 중국의 위협에 대응하기 위해 냉전시대 코콤과 같은 다자 수출통제의 필요성을 역설한 것을 주목할 필요가 있

미국 주요 빅테크 기업의 중국 매출 비중

회사명	2019년	2020년	2021년	2022년	2023년 (누적기준)
애플	16.8	14.7	18.7	18.8	19.6
엔비디아	23.9	25.0	23.3	26.4	21.5
테슬라	12.1	21.1	25.7	22.3	31.2
브로드컴	35.7	-	35.5	35.1	-
ASML	11.6	16.6	14.7	13.8	-
아스트라제네카	20.0	20.2	16.1	13.1	13.6
Advanced Micro Device	25.9	23.9	25.0	22.1	-
인텔	27.8	26.0	26.8	27.2	-
퀄컴	47.8	59.5	67.1	63.6	-
어플라이드 머티어리얼즈	29.3	31.7	32.7	28.1	-
램리서치	22.4	30.7	35.1	31.4	25.6

출처: Bloomberg, 하이투자증권

다. 미국이 첨단산업의 주도권을 유지하기 위해서는 이전 냉전시대와 같이 공급망을 쪼갤 수도 있음을 시사한 대목이다.

이미 이념적으로는 신냉전 시대에 진입했다고 평가할 수 있지만 경제적으로는 국제 분업화가 여전히 글로벌 경세를 지탱하는 중심축 역할을 하고 있다. 그러나 11월 미 대선 이후 어떤 상황이 전개될지는 불확실하다. 무엇보다 우려되는 부분은 미국의 초강경 디커플링 정책이 중국 경제에 치명타를 줄 수 있는 동시에 디커플링의 부메랑이 미국 기업들에게도 엄청난 악영향을 미칠 수 있다는 점이다. 기업별로 다소의 차이는 있지만 미국 주요 기업들의 대중국 매출 비중은 적게는 20%에서 60% 수준이다. 공급망 재편이 아닌 공급망이 양분화되는 최악의 상황에 직면한다면 미-중 양국 경제에 큰 충격을 주면서 글로벌 경제의 장기 저성장 현상도 현실화될 위험이 증폭될 것이다.

글로벌 공급망 재편의 수혜자,
돈은 알고 있다

미국 공급망 재편으로 이미 수혜국이 나타나고 있지만
한국은 수혜국인 동시에 피해국이기도 하다는 인상을 지울 수 없다.

글로벌 공급망 재편의 직접적인 당사국인 미국과 중국을 제외한 대표적 수혜 국가는 니어쇼어링 지역인 멕시코와 캐나다, 프렌드쇼어링 지역인 일본, 인도, 베트남이다. 한국과 대만은 수혜 국가인 동시에 피해 국가로 아직 공급망 재편의 과실을 충분히 따지 못하고 있다.

니어쇼어링과 프렌드쇼어링 국가의 수혜는 미국 무역수지를 통해 확인된다. 미국의 국가별 무역수지 적자 규모 확대는 상대국의 수혜를 의미하기 때문이다. 니어쇼어링과 프렌드쇼어링의 주축 국가인 캐나다, 멕시코, 인도 및 베트남의 미국 무역수지 적자 규모는 2021

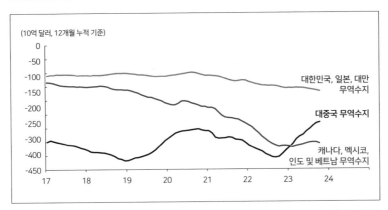

공급망 재편의 효과를 보여주는 미국의 주요국 무역수지 적자 추이

(10억 달러, 12개월 누적 기준)

대한민국, 일본, 대만
무역수지

대중국 무역수지

캐나다, 멕시코,
인도 및 베트남 무역수지

출처: Bloomberg, CEIC, 하이투자증권

년 이후 급격히 확대되고 있다. 미국의 대중국 무역수지 적자 축소
분이 이들 국가로 이전하고 있다.

　또 다른 수혜의 시그널은 돈의 흐름이다. 중국으로 몰려갔던 자금
이 공급망 수혜국으로 선회하면서 이들 증시 랠리를 뒷받침해주고
있다. 일례로 중국의 대안처로 주목받는 인도 주가는 사상 최고치를
경신하면서 인도 증시의 전체 시가총액이 홍콩 시가총액을 육박하
고 있으며, 중국에서 이탈중인 글로벌 자금이 인도 등 공급망 재편
의 수혜국으로 빠르게 이동하고 있다. 일본 증시의 사상 최고치 랠
리 역시 돈의 흐름과 무관치 않다. 일본의 초완화적 통화정책과 그
에 따른 슈퍼 엔저 효과도 있지만 일본으로 글로벌 자금이 유입되는
현상에는 공급망 재편, 즉 프렌드쇼어링 관점에서 일본 수혜가 보이
기 때문일 것이다.

한국은 프렌드쇼어링의
수혜국인가?

반면 프렌드쇼어링 국가인 한국을 위시한 대만의 수혜는 단적으로 얘기하기는 힘들다. 한국의 경우만 보더라도 수혜와 피해가 혼재된 상황이다. 이를 단적으로 보여주는 지표는 한국의 대미 수출액과 대중 수출액이다. 중국 경제 개방 이후 중국은 우리나라 부동의 1위 수출국 자리를 놓치지 않았다. 그러나 2023년 12월 양국의 수출액을 보면 마침내 역전이 되었다. 중국이 본격적인 고도성장 국면에 진입하기 직전인 2003년 6월 이후 처음이다. 한국의 대중 및 대미 수출 역전이라는 예상치 못한 현상은 미국 공급망 재편에 한국이 수혜를 받고 있다는 증거지만, 역설적으로 미국 공급망 재편으로 인한 중국의 피해가 간접적으로 국내 대중국 수출로 전이되고 있음을 의미한다.

그동안 한국, 중국 그리고 미국은 끈끈한 분업구조를 유지하면서 공생하는 관계였다. 한국이 중국에 중간재 등을 수출하면 중국은 완제품을 만들어 미국에 수출하는 전형적인 분업구조 형태를 보여왔다. 이러한 삼국 간 분업 및 교역구조가 미국의 공급망 재편 전략으로 인해 예상보다 빠르게 와해되고 있다. 대미 수출 증가는 분명히 반가운 현상이지만 국내 부동의 1위 수출국인 대중국 수출액 급감은 관련 산업 및 기업에 큰 타격을 줄 것이 자명하다. 실제로 한국의 주요 대기업의 중국 내 매출은 심각하게 위축되고 있다. 중국 산업

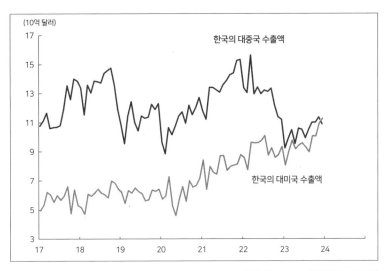

역전된 한국의 대미 및 대중 수출액

(10억 달러)

한국의 대중국 수출액

한국의 대미국 수출액

출처: Bloomberg, CEIC, 하이투자증권

및 제품의 경쟁력이 크게 향상된 측면도 있지만 삼각 분업구조의 와해도 큰 영향을 미쳤다.

더욱이 미국 공급망 정책에 편승하기 위해 국내 주요 기업들의 투자가 미국에 편중되고 있는 현상은 국내 산업 공동화 및 고용시장에 자칫 중장기적 악재로 작용할 소지가 있다. 그리고 높은 대중국 의존도를 갖고 있는 국내 기업 체질은 국내 수출 및 산업 패러다임 전환에 큰 난관이 되고 있다. 국내 산업 불균형 현상마저도 심화시킬 수 있어 잠재적 저성장 리스크로 작용할 여지도 있다.

실제로 한국 제조업의 위상 추락 현상이 이미 현실화되고 있다. 중간재 및 자본재 부문에서 중국에 추월당한 국내 제조업이 향후 전개되는 새로운 통상 마찰 시대에 제대로 적응하지 못하면 제조업 기반을 더욱 상실할 가능성이 크다. 2017년 전 세계 제조업 중에서 3.4%를 차지했던 한국 제조업 비중이 2022년에 2.6%까지 하락한 현상은 심상치 않은 시그널이다. 갈수록 거세지는 각국의 공급 정책 강화와 이에 수반된 통상 갈등이 한국 제조업 및 수출에 커다란 잠재적 위험 요인이다. 무엇보다 미국의 공급망 재편 혹은 첨단 제조업 육성 정책의 강화 속에 한국 경제가 수혜를 받고 있는지가 의문시된다.

공급망 재편이 일본 경제의 부활에 도움을 주고 있다

한국이 글로벌 공급망 재편 과정에서 다소 혼란스러운 국면을 맞이하고 있는 반면, 일본은 이번 재편이 경제 부활의 마중물 역할을 할 가능성이 커지고 있다. 우리나라에 비해 상대적으로 대중국 수출 비중이 적고 대미 수출 비중이 높다는 점은 공급망 재편에서 상대적으로 수혜를 볼 가능성이 있다. 더욱이 각별한 수준의 미-일 외교 및 경제관계를 고려하면 일본이 잃어버렸던 첨단산업 경쟁력마저 복원하는 결정적 계기가 될 수 있다. 일본은 1980년대 후반부터 반도체를 둘러싼 미국과의 반도체 전쟁에 패하면서 장기 경제불황을 맞이했고 관련 첨단산업 부문에서도 위상이 크게 실추되었다. 그러나 최근 들어 대만 TSMC와의 협력 관계를 강화하는 등 반도체 및 첨단산업에 투자를 늘려가고 있다. 2023년 일본 GDP 성장률이 한국 GDP 성장률을 상회하는 현상은 단순히 부양정책과 리오프닝 효과로만 치부하기는 어렵다. 미국 주도의 글로벌 공급망 재편 과정이 일본 경제의 부활을 이끄는 역할을 할지 주목해야 한다.

일본뿐만 아니라 대만의 공급망 재편 과정에서도 한국의 수혜는 상대적으로 미약하다. 특히 AI 수혜 측면에서 한국 증시의 '벼락거지' 현상이 나타나고 있다. AI 사이클 수혜와 관련하여 경쟁 관계인 대만 증시의 상승 랠리가 이어지면서 한국과 대만 간 주식시장 시가총액 역전 현상이 심화되고 있다. 팬데믹을 전후로 간혹 대만과 한국 간 시가총액 역전 현상이 일시적으로 나타난 적은 있지만, 2024년처럼 양국 간 시가총액 격차가 추세적으로 벌어진 적은 없었다. 대만의 시가총액은 한국 시가총액의 약 1.27배 수준(2024년 5월 23일 기준)이다. 2023년 기준 대만 명목 GDP 규모가 한국 GDP의 44% 수준에 불과하다는 점을 고려하면 한국 증시가 정말 벼락거지가 되었다고 해도 과언이 아니다.

∘ 중물가-중금리 시대가 우리에게 주는 시사점

∘ 중물가-중금리 시대, 가장 큰 회색 코뿔소는 중국

∘ 무질서한 신용위기보다 질서 있는 저성장 진입 예상

∘ 회색 코뿔소와 흰색 코끼리 리스크가 동반해서 올 수 있다

∘ 중물가-중금리 패러다임에서 자유롭지 못한 미국

∘ 미국은 부채 리스크 방어력을 그나마 지니고 있다

∘ 마약과 같은 유동성, 부채와 공존하는 시대

CONFLICTING

3장

과잉 유동성과 과잉 부채 간의 갈등

공짜로 여겨졌던 유동성이 이제 청구서로 날아오고 있다. 물가와 금리를 자극하지 않고 무한정 공급될 것으로 여겨졌던 미국 등 주요국의 유동성 정책 후유증이 본격화되기 시작한 것이다. 초저금리의 유동성이 이제는 고금리의 부채로 돌변하면서 미국을 위시한 주요국 경제를 휘청이게 할 공산이 커졌다. 달콤했던 유동성이 부채의 독으로 변하면서 중국 경제 내 부채의 독이 퍼지기 시작했다. 문제는 부채라는 독의 해독제가 마땅히 없다는 점이다. 고물가와 고금리 환경 속에 부채의 독이 빠르고 강하게 세계 경제에 스며들 수 있다.

- 전 세계 부채 총액은 313조 달러로 사상 최고치를 매년 경신중이다. 한국의 부채 규모도 이미 심각한 수준을 넘어섰다.

- 저물가-저금리 시대로의 회귀를 예상하는 주장은 거의 찾아보기 힘들다. 세계 경제가 급격한 침체에 다시 빠지지 않는 한 중물가-중금리 국면이 이어질 전망이다.

- 미 연준은 2026년에도 기준금리를 2% 중후반대로 전망중이다. 최소한 팬데믹 이전의 0% 금리 시대로의 복귀는 어렵다.

- 이미 중국이 부채 측면에서 회색 코뿔소임을 모두가 알고 있다. 그러나 회색 코뿔소가 다가오면 피하기 어려운 것도 현실이다.

- 사회주의 경제 특성상 부채 리스크를 어느 정도 통제할 수 있겠지만 중국 경제가 상당 기간 부채의 고통에 시달릴 위험이 크다.

- 회색 코뿔소의 돌진은 어떻게든 막겠지만 회색 코뿔소는 중국 주변을 계속해서 배회할 것이다.

부채의 늪에 빠진 세계,
그러나 대안은 없다

전 세계 부채 총액은 313조 달러로 사상 최고치를 매년 경신중이다.
한국의 부채 규모도 이미 심각한 수준을 넘어섰다.

오늘날 전 세계가 부채(=빚) 부담에 허덕이고 있다. 통계마다 다소간의 차이는 있지만, 국제금융협회의 발표에 따르면 2023년 전 세계 부채 총액이 313조 달러에 달한다. 이는 역대 최대치에 해당하는 기록이다. 누구도 예상치 못한 팬데믹의 여파로 2022년 초에 기록했던 최대치인 306조 5,000억 달러를 또다시 경신했다. 실로 놀라운 수치라 할 수 있다.

부채 증가는 글로벌 주요국이 견인했다. 선진국 중에서는 미국, 일본, 프랑스를 중심으로, 신흥국에서는 중국, 인도 및 브라질 등 경제 규모가 큰 국가들의 부채 증가가 일조했다. 이미 잘 알려져 있는 사실이지만 미국과 일본은 정부부채가 사상 최고치를 기록중이며 중국은 막대한 기업부채와 함께 부동산을 중심으로 지방정부 부채가 급격히 증가했다.

한국도 부채에 있어서는 예외 국가가 아닌 심각한 우려 국가다. 한국의 경우에는 가계부채가 위험수위에 이르렀다. 한국의 GDP 대비 가계부채 수준은 101.7%(2023년 6월 기준)로 전 세계 주요국 중 4위를 기록중이다. 참고로 1위는 스위스(126.1%), 2위 호주(109.9%), 3위 캐나다(103.1%) 수준이다. 그러나 일부 논란은 있지만 전세보증금을 부채로 간주할 경우 한국의 가계부채는 압도적인 1위다.

부채 급증은
과도한 유동성 정책의 부작용

과거에는 신흥국가들의 전유물처럼 주기적으로 발생하던 부채 리스크가 갑자기 선진국까지 확산되고 있다. 이러한 사태의 원인은 과도한 유동성 정책에서 찾아볼 수 있다.

2000년대 초반 IT 버블, 2008년 금융위기, 2010년 초 유럽 재정위기, 2020년 코로나19 팬데믹 위기 그리고 2023년 중국 부채 등 글로벌 주요국이 위기를 맞이할 때마다 내놓은 대응은 막대한 유동성 공급과 금리인하였다. 어찌 보면 빚을 빚으로 막는 부채의 악순환이 시작되었고 더욱 큰 문제는 악순환 부채 고리를 끊기가 사실상

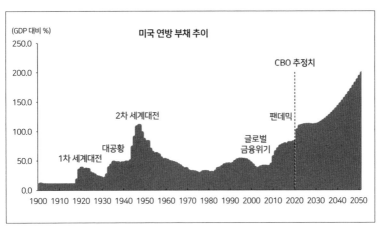

앞으로도 눈덩이처럼 커질 미국 정부의 부채

미국 연방 부채 추이

(GDP 대비 %)

250.0

200.0

150.0

100.0

50.0

0.0

1900 1910 1920 1930 1940 1950 1960 1970 1980 1990 2000 2010 2020 2030 2040 2050

1차 세계대전

대공황

2차 세계대전

글로벌
금융위기

팬데믹

CBO 추정치

출처: CBO, 하이투자증권

어려워졌다는 것이다.

미 연준이 2022년 3월부터 금리인상과 양적긴축(QT)*을 통해 시중 유동성 흡수에 나서고 있지만 미 연준의 자산규모는 2023년 12월 말 기준 7조 7,000억 달러로 최고치 대비 약 1조 2,000억 감소했다. 미 연준의 자산규모가 금융위기 이후 약 8조 달러 증가했음을 고려할 때 얼마나 많은 유동성이 시중에 풀려 있는지 가늠할 수 있다. 더욱이 부채이자 유동성인 미국 정부부채는 앞으로도 증가할 것

---

* 양적긴축(Quantitative Tightening): 중앙은행이 매입한 채권의 만기가 다가왔을 때 재투자하지 않거나 보유하던 채권을 만기 전에 매각해 시중 유동성을 흡수하는 정책으로, 양적완화(QE: Quantitative Easing)의 반대 개념이다.

이 분명하다. 미 의회예산국(CBO) 추정에 따르면 2022년 GDP 대비 105.6% 수준인 정부부채 규모는 다가오는 2030년에는 108.9%, 2050년에는 195.2%에 이를 전망이다. 향후 30년 내 미국 정부부채 규모가 두 배 가까이 폭증하는 것이다. 2차 세계대전의 영향으로 미국 정부부채가 1946년 106.1%까지 폭증한 바 있지만 이후 동 비율이 1974년 23.2%까지 축소되었다. 현재 세계대전과 같은 전쟁을 치르지 않는데도 미국 부채가 급증하고 있다는 사실이 더욱 심각하다.

유럽중앙은행(이하 ECB)도 양적긴축에 나서고 있지만 의미 있는 수준으로 자산규모가 축소될지는 미지수이며 부채 문제에 있어 일본은행과 중국 상황은 더욱 심각하다.

일본은행의 통화정책 운용에
크게 노출된 일본 부채

일본의 상황을 보면 여타 선진국보다 더 우려스럽다. 미 연준과 ECB는 그래도 유동성을 일부라도 흡수하고 있지만 일본은행은 양적완화 정책을 고수하면서 자산규모가 2023년 말 약 5조 달러를 넘어섰다. 일본 GDP 규모의 약 120%에 달하는 수준이다. 금융위기 이후 일본은행의 유동성을 푼 규모는 약 4조 3,000억 달러로 총량에서는 미 연준과 ECB 수준에 못 미치지만 GDP 수준을 고려하면 일본이 상대적으로 더욱 막대한 유동성을 공급한 것이다. 여기에 일본의 정부부채 규모는 GDP 대비 230%(2023년 6월 기준)로 선진국 중 독보적 1위 정부부채를 기록하고 있다. 사실상 일본 정부의 부채를 일본은행이 거의 대부분 사주고 있는 형국이다.

과잉 유동성 시대에 더욱 기름을 붓고 있는 또 다른 국가는 중국이다. 이미 중국은 GDP 대비 228%(2023년 6월 기준)에 달하는 기업부채로 골머리를 앓고 있지만 최근에는 지방정부의 숨겨진 부채가 예상보다 크다는 점이 확인되었다. 공식적으로 알려진 정부부채에 버금가는 숨겨진 부채, 즉 그림자 부채가 수면 위로 나타났다. 중국의 심각한 부채 문제를 지적하는 이유는 중국 정부나 인민은행 입장에서 부채위기 확산을 막기 위해 어쩔 수 없이 유동성 공급을 더욱더 확대해야 하는 상황에 직면해 있음을 강조하기 위해서다.

전 세계 부채 증가를 사실상 견인하고 있는 G4(미국, 유로, 일본 및 중국) 중 어느 국가도 부채를 줄이기가 현실적으로 어렵다. 오히려 부채 증가가 유동성을 확대시키는 부채의 악순환이 이어질 가능성만 커지고 있다.

저물가-저금리 시대에서
중물가-중금리 시대로

저물가-저금리 시대로의 회귀를 예상하는 주장은 거의 찾아보기 힘들다.
세계 경제가 급격한 침체에 다시 빠지지 않는 한 중물가-중금리 국면이 이어질 전망이다.

앞으로 전개될 세상을 누구도 정확하게 예측하지 못하지만 저물가-저금리 시대의 종료는 점차 현실화되고 있다. 앞서 글로벌 공급망 재편을 언급했지만 1990년 냉전시대 종식과 중국 편입 이후 가속화된 글로벌 분업체제는 전 세계에 저물가와 저금리라는 낙수효과를 주었다. 경기호황 등으로 일시적으로 물가수준이 높아진 적은 있지만 2000년 이후 저물가-저금리 환경은 근 20년 동안 유지되었다.

저물가-저금리 환경이 자산가격의 버블, 대표적으로 2008년 글로벌 금융위기 버블이라는 충격도 주었지만 한편으로는 전 세계가 거의 공짜에 가까운 유동성을 만끽할 수 있었고, 이는 앞서 지적한 과잉 부채와 과잉 유동성 시대를 열어주었다. 한때 국내에서 유행했던 영끌(=레버리지 투자) 현상처럼 각국도 저물가-저금리에 힘입어 너나 할 것 없이 부채를 급격히 확대하는 영끌 투자가 급증했다.

저물가-저금리 시대에 영끌은 나쁜 선택이 아니다. 낮은 차입비용에 기반한 부채가 국가적으로는 경제 성장을, 개인적으로는 자산증식의 밑거름 역할을 했기 때문이다. 저물가-저금리 시대에는 부채의 순기능을 만끽할 수 있었다. 더욱이 각종 위기 국면에서 정부와 중앙은행의 공격적 재정 및 통화정책이 가능했던 것도 저물가-저금리 덕분이었다.

점점 더 현실화되고 있는
중물가-중금리 시대

그러나 아쉽게도 저물가-저금리 시대가 종료되고 상당 기간 중물가-중금리 시대가 이어질 전망이다. 미국 클리블랜드 연은의 연구 결과에 따르면 2026년에도 근원 소비자물가(에너지와 식품을 제외한 소비자물가)는 미 연준의 목표 수준(2%)을 상회하는 2.6% 수준으로 중물가 국면이 이어질 것이라는 전망을 내놓았다. 동 은행의 물가 전망이 맞을지는 미지수지만 가능성은 높다. 물가를 둘러싼 제반 환경이 저물가 국면으로의 회귀를 어렵게 할 것이기 때문이다.

장기 저물가 추세를 견인했던 미국과 중국 간 공급망이 이전의 모습으로 돌아가기도 어렵다. 어느 한쪽의 완승으로 끝나기 이전 미-중 간 패권전쟁은 이미 돌아올 수 없는 강을 건넜다. 중국을 대체하면서 미국 등 서방에 우호적인 새로운 제조업 공장이 나타난다면 중국을 제외한 글로벌 분업구조 혹은 공급망이 구축되겠지만 이를 기대하기는 현실적으로 어렵다. 중국 대체지역으로 인도가 주목받고 있지만 인도가 가지고 있는 한계성을 고려하면 인도가 중국과 같은 글로벌 제조공장 역할을 대신하기까지는 오랜 시간이 필요해 보인다. 결국 미국을 위시한 서방국들은 리쇼어링 제품이든 니어쇼어링 제품이든 중국보다 비싼 제품을 사용할 공산이 커져 물가에도 부담을 줄 여지가 많아졌다.

인구 사이클도
중물가-중금리 시대 뒷받침

인구 사이클도 저물가 회귀를 방해하는 요인이다. 전 세계가 최근 고물가 리스크에서 빠르게 벗어나지 못하는 중요한 이유 중 하나는 임금상승률이다. 미 클리블랜드 연은이 2026년 2.6%의 예측치를 제시한 배경에도 임금상승률이 가장 큰 요인으로 작용했다. 팬데믹을 거치면서 미국 노동시장은 급격한 변화를 맞이하고 있다. 소위 미국 고용 중 거의 25%를 담당하는 베이비붐 세대의 조기 은퇴가 현실화되었다. 이들 세대의 노동시장의 은퇴인구가 시간이 갈수록 확대되는 양상은 노동시장 수급 불균형 심화로 이어질 것이다. 그동안 미국은 이민의 나라로 지칭될 정도로 이민자들이 노동시장의 주된 공급원 역할을 담당했지만 미국 내 자국 우선주의의 확산으로 미국이 이전만큼 이민에 개방적이지 않을 가능성이 커졌다. 만약 2024년 11월 대선에서 트럼프 전 대통령이 다시 당선된다면 자국 우선주의 분위기는 더욱 강화될 것이 자명하다.

미국의 노동력 부족 현상을 단적으로 보여주는 시그널은 '구인 건수(근로자 채용 희망건수)와 구직 건수(일자리 희망건수)의 차'다. 팬데믹 기간중 동 격차는 유례를 찾아볼 수 없는 수준까지 치솟은 후 점차 줄어들고 있지만 여전히 과거 대비 높은 수준이다. 노동시장 내 노동력 공급 부족이라는 불균형이 해소되지 못하고 있다. 여기에 자동차 노조의 장기 파업 이후 자동차 업체와의 합의 내용을 보면 최저임금이 크게 인상되었고 이는 여타 노동시장으로도 확산될 것이다.

더욱이 AI 및 로봇 보급률 확산이 기존 근로자와의 갈등을 증폭시킬 수 있다는 것도 임금상승률이 낮아지기 힘든 요인이다. 참고로 2023년 12월 전미 자동차노조는 약 2개월에 걸친 파업을 통해 평균 25% 수준의 임금 인상에 자동차 제조사들과 합의하는 매우 큰 승리를 거두었다. GM은 LG에너지솔루션과 합작법인을 통해 운영하는 배터리공장 노동자 임금 인상에도 합의하고 향후 설립되는 신규 공장에도 전미 자동차노조가 영향력을 행사할 수 있게 되어 인건비 상승 우려가 현실화되었다.

시중에 풀려 있는 막대한 유동성도 각종 자산 및 원자재 가격을 자극하면서 또 다른 물가압력 요인으로 작용중이다. 통화량과 물가 간 상관관계가 이전에 비해 크게 낮아진 것은 분명하지만 그래도 통화량 확대가 물가에 미치는 영향을 무시하기도 어렵다.

기술혁신을 통한 노동생산성 개선이 저물가의 열쇠겠지만 이를 당장 기대하기는 힘들다. 오히려 노동력을 대체할 로봇 및 AI 관련 제품의 비용이 초기에는 노동력보다 비쌀 것이다.

중물가-중금리 시대가
우리에게 주는 시사점

중략

미 연준은 2026년에도 기준금리를 2% 중후반대로 전망중이다.
최소한 팬데믹 이전의 0% 금리 시대로의 복귀는 어렵다.

중물가-중금리 국면이 얼마나 지속될지 장담하기는 어렵지만 적어도 초저금리 시대로의 복귀는 힘들다. 2023년 12월 개최된 FOMC 회의에서 발표된 점도표에 따르면 미 연준 인사들이 생각하는 2026년과 장기 기준금리 중간값은 2.9%와 2.5%였다. 현 기준금리 5.25~5.5%보다 낮았지만 금융위기 이후 경험했던 제로 금리와는 작별을 고하는 수준이다. 금융위기 직후 미국을 포함한 전 세계의 경제 패러다임은 '저물가, 저성장, 저금리, 고부채, 고실업률' 현상이 뉴노멀이었지만 이제는 더 이상 기존의 뉴노멀이 유지되기 어렵다. 성장률 수준은 불확실하지만 '중물가, 중금리, 저(中)실업률, 고고(高高)부채' 패러다임이 상당 기간 글로벌 경제를 지배하는 패러다임이자 뉴노멀이 될 것이다.

여기에 주목할 것은 중물가-중금리 속 '고고부채'다. 중금리 상황에서 과잉 부채(고고부채) 리스크는 언제든지 위기로 발전할 여지가 많다. 저물가-저금리 국면에서 '부채와 성장'이 선순환, 즉 공생 관계를 유지했지만 중물가-중금리 국면에서 부채와 성장은 더 이상 공생하기 힘들다. '부채와 성장'이 언제든지 악순환에 빠질 위험에 노출되었다고 보는 것이 타당하다.

미국의 고금리는
위기를 잉태한다

역사적으로 미 연준이 금리인상 사이클에 나설 때마다 어디선가는 부채위기가 발생했다. 2022년 3월에 시작된 이번 금리인상 사이클에 과연 어떤 위기가 나타날지 주목된다. 다행히 2023년 3월 실리콘밸리은행(SVB) 위기는 미 연준의 적극적인 유동성 정책으로 찻잔 속의 태풍으로 마무리되었지만, 이후 미국 국가신용등급 전망이 잇따라 하향 조정되는 위기 아닌 위기를 맞이했다. 그나마 미국은 기술혁신을 바탕으로 한 성장동력으로 부채위기를 일단 피할 능력이 있다고는 하지만 예단하기 어렵다. 미국의 경우 상업용부동산 위기론이 완전히 해소되지 못했다. 고금리 상황이 예상보다 장기화되거나 돌발적인 지정학적 리스크가 불거져 미국 경제가 침체에 진입하게 된다면 상업용부동산 부실이 현실화될 가능성이 잠재해 있다. 전면적 위기는 아닐지라도 간헐적으로 상업용부동산 대출 부실과 관련된 중소은행의 위기가 나타날 여지는 충분하다. 그때마다 글로벌 금융시장의 긴장하는 모습도 반복될 수 있다.

상업용부동산과 함께 앞에서도 지적한 정부부채도 중물가-중금리 시대의 미국 경제에는 커다란 골칫거리다. 미국 정부부채는 금리 상승 여파 등으로 100일마다 1조씩 증가하고 있다. 31조 달러에서 32조 달러로 증가하는 데는 약 8개월이 걸렸지만 32조 달러에서 33조 달러까지는 91일, 33조에서 34조 달러까지는 110일이 소요되었다. 기축통화국이라는 장점으로 급속히 증가하는 정부부채 부담을 견디고 있지만 중물가-중금리가 장기화된다면 미국 정부부채 증가를 우려하는 경고의 목소리가 더욱더 커질 것이다. 이는 글로벌 금융시장의 또 다른 위기의 뇌관이 될 수 있다.

미국보다
중국 부채 위험이 심각하다

부채 늪에 빠진 국가는 미국만이 아니다. 대표적으로 중국도 부채 위기를 극복할지 미지수다. 사회주의라는 체제 특성상 부채를 통제할 것이라는 믿음이 있지만 그 믿음이 점점 약화되고 있다. 헝다 및

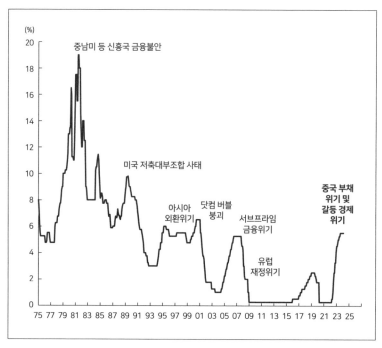

미국 연준의 금리인상 사이클과 위기

(%)

- 중남미 등 신흥국 금융불안
- 미국 저축대부조합 사태
- 아시아 외환위기
- 닷컴 버블 붕괴
- 서브프라임 금융위기
- 유럽 재정위기
- 중국 부채 위기 및 갈등 경제 위기

75 77 79 81 83 85 87 89 91 93 95 97 99 01 03 05 07 09 11 13 15 17 19 21 23 25

출처: Bloomberg, CEIC, 하이투자증권

비구이위안 사태 처리에서 보듯 중국 정부는 부채위기 해소를 위한 뚜렷한 해결책을 제시하지 못한 채 시간만 끌고 있다. 중국 고유의 만만디(慢慢的, manmande)한 정책 행보로 읽을 수도 있지만 역설적으로 부채 문제의 해결 능력이 없음을 의미할 수도 있다. 중국 부채는 알려진 부채보다 알려지지 않은 부채 규모가 더욱 클 공산이 높다. 소위 그림자 부채 리스크가 잠재해 있다.

자본주의 체제와 달리 금융기관을 사실상 정책 당국이 통제할 수 있다는 것은 부채 리스크를 지연시키거나 최악의 경우 금융기관이 이를 모두 떠안을 수도 있다는 것이다. 문제는 불확실성 리스크다. 이미 중국에 투자했던 많은 자본이 중국을 이탈하고 있다. 중국 경제 불안, 미-중 갈등 리스크가 아닌 중국 정책에 대한 불안심리가 외국인 자본의 이탈을 부추기고 있다.

아직은 중국 정부가 부채를 통제하고 경제를 통제할 능력이 있다고 하지만 부채 리스크를 제대로 해소하지 않을 경우 이슬비에 옷 젖듯이 중국 경제가 심각한 부채위기를 동반한 장기 디플레이션에 진입할 가능성이 커진다는 우려감은 증폭될 것이다. 이는 또 다른 자본의 연쇄적 중국이탈을 불러오는 동시에 전 세계 금융시장의 위기로 이어질 것이다.

중물가-중금리 시대는 과잉 부채라는 회색 코뿔소*가 언제든지 출몰할 수 있는 환경이며, 자칫 잘못하면 생각보다 더 큰 회색 코뿔소가 예상보다 일찍 출현할 수 있다는 것을 염두에 둘 필요가 있다.

---

* 회색 코뿔소: 갑자기 위험 요인이 발생하는 것이 아니라 계속된 경고로 이미 알려져 있던 위험 요인들이 빠르게 나타나는데, 이러한 위험 신호를 무시하고 있다가 큰 위험에 빠진다는 의미로 사용되는 용어임.

과잉 유동성과 과잉 부채 간의 갈등   **111**

중물가-중금리 시대, 가장 큰 회색 코뿔소는 중국

이미 중국이 부채 측면에서 회색 코뿔소임을 모두가 알고 있다.
그러나 회색 코뿔소가 다가오면 피하기 어려운 것도 현실이다.

중물가-중금리 시대의 가장 큰 회색 코뿔소는 중국이다. 필자는 중국 부채 리스크를 자전거에 자주 비유한다. 중국 부채 자전거는 그동안 우려도 있었지만 잘 달리고 있어서 큰 문제를 발생시키지 않았다. 그러나 예기치 못한 팬데믹과 고금리 그리고 시진핑 체제라는 돌부리에 부채 자전거가 넘어지면서 숨겨왔던 어두운 부채 민낯이 드러났다. 무엇보다 부채 자전거를 다시 일으켜 달리기가 쉽지 않아졌다. 부채 자전거의 수리 비용이 너무 많이 들고 부채를 빌려주었던 투자자들도 서둘러 돈을 빼고 있기 때문이다. 글로벌 자금의 차이나 런 현상이 본격화되고 있다.

그러면 중국 회색 코뿔소는 정말 달려와서 2008년 금융위기 혹은 2010년대 초반 유럽 재정위기와 같은 위기를 촉발할 것인지 살펴보자. 결론부터 밝히면 중국 부채 리스크가 위기로 전이될지는 불확실하다. 국가 자본주의라는 경제와 사회주의리는 정치적 특성을 감안할 때 위기를 어떻게든 봉합할 여지가 있다. 최소한 위기화하는 것만은 막을 수 있다.

그러나 분명한 것은 최악의 위기를 막는 것이 위기의 해결을 의미하지 않는다는 것이다. 중국을 상징하는 단어 중 하나인 '만만디(행동이 굼뜨거나 일의 진척이 느림을 이르는 말)'와 같이 위기 해소에 소극적인 자세를 유지한다면 중국의 저성장 혹은 일본형 디플레이션 리스크가 점점 더 현실화될 공산이 크다.

미국 등 전 세계가 인플레이션에 고통받고 있지만 중국은 소비자물가와 생산자물가가 동반 하락하는 디플레이션 리스크에 노출되고 있다. 특히 생산자물가와 부채 리스크 중심에 있는 부동산 가격의 장기 하락세는 우려가 우려로 그치지 않을 수 있음을 시사해준다.

중국 부채 리스크 통제 능력이 취약하다

그러면 중국이 과연 부채 리스크를 통제할 능력이 있는지 구체적으로 살펴보자.

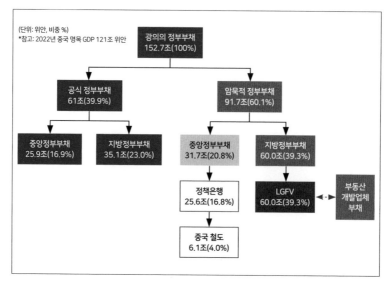

중국 공식 정부부채와 그림자 정부부채의 현황

(단위: 위안, 비중 %)
*참고: 2022년 중국 명목 GDP 121조 위안

광의의 정부부채
152.7조(100%)

공식 정부부채
61조(39.9%)

암묵적 정부부채
91.7조(60.1%)

중앙정부부채
25.9조(16.9%)

지방정부부채
35.1조(23.0%)

중앙정부부채
31.7조(20.8%)

지방정부부채
60.0조(39.3%)

정책은행
25.6조(16.8%)

LGFV
60.0조(39.3%)

부동산
개발업체
부채

중국 철도
6.1조(4.0%)

출처: 국제금융센터, 하이투자증권

팬데믹을 거치면서 중국은 동시다발적인 부채 리스크에 직면했다. 기존에 알려져 있는 기업 부채 리스크에 더해서 정부부채와 가계부채마저 위험 수위를 넘어섰다. 더욱 큰 문제는 그림자 정부부채다. 중국 정부부채는 공식 부채와 그림자 정부부채로 구분되는데, 그림자 정부부채 규모가 공식 부채 규모의 약 1.5배 수준이다.

그림자 부채의 핵심은 아직도 베일에 가려진 LGFV*로 대변되는

---

* LGFV(Local Government Financing Vehicle)는 지방정부 자산을 담보로 투자자금을 조달하는 특수법인으로, LGFV 부채는 지방정부 B/S(대차대조표)에 잡히지 않아 '그림자 부채'로도 일컬음.

그림자 지방정부부채다. LGFV 부채는 약 60조 위안 수준으로 알려지고 있지만 골드만삭스는 LGFV가 설립한 수천 개 금융기업의 숨겨진 차입금을 포함한 중국 지방정부의 총부채가 약 23조 달러(약 166조 위안)에 이를 것으로 추산하고 있다.

문제는 LGFV로 대변되는 그림자 정부부채 부실이 현실화되고 있다는 것이다. 헝다 사태가 2년 이상 해소되지 못하고 있는 상황에서 또 다른 대형 부동산개발업체인 비구이위안의 채무 불이행 사태 등은 부동산 침체 장기화로 인한 부실, 즉 그림자 정부부채 리스크가 점점 더 확산될 수 있다는 것으로 해석된다.

언제 터질지 모르는
부채 시한폭탄을 안고 있는 중국

현재 중국 부채 리스크는 부동산 개발업체 부실이 그림자 부채 리스크로 점진적으로 전이되기 직전의 단계로 평가된다. 소위 뱅크런을 동반한 전면적 금융시스템 위기로 전염되기 직전 단계다. 관건은 금융시스템 리스크로의 전이 차단인데 중국 정부의 미온적 정책 대응으로 인해 위기감이 커지고 있다. 미온적 정책 대응이 부동산 침체 장기화 혹은 저성장 압력을 높여 전방위적 금융시스템 위기로 확산될 여지가 있기 때문이다. 무엇보다 부동산발 부실 규모가 확대될 가능성이 커 가장 문제가 되는 그림자 부채를 대변하는 LGFV의 부

미국 서브프라임 당시와 현 중국 부채위기의 비교

미국(2008년 서브프라임 위기 전후 지표)		중국(2023년 부동산발 부채위기)	
2008년 미국 GDP	14.8조 달러	2023년 중국 GDP (IMF 전망치)	19.4조 달러
2006년 말 기준 미국 서브프라임 대출 잔고	1.4조 달러	중국 그림자 부채 (추정치)	60조 위안 (=약 8조 달러)
전 세계 서브프라임 손실 추정액	1.2조 달러 ±α	그림자 부채 손실 추정액 1) 10% 손실 가정, 2) 20% 손실 가정	1) 6조 위안 (=약 0.8조 달러) 2) 12조 위안 (=약 1.6조 달러)
2008~2009년 미 연준 자산 증가액	1.34조 달러	인민은행 자산 증가액	-
미 연준 기준 금리 인하 폭	500bp	인민은행 기준 금리 인하폭	10bp
2008~2009년 미 정부부채 증가액 (GDP 대비 %)	22.0	중국 정부부채 증가액	-
미국 GDP 성장률	2008년 0.1% 2009년 -2.6%	중국 GDP 성장률	-
실업률 상승폭	5.6%p (2007년 5월 4.4%, 2009년 10월 10%)	실업률 상승폭	참고(2022년 기준): 총고용자수 7.3억 명 도시지역 4.6억 명, 농촌지역 2.7억 명

출처: IMF, Bloomberg, CEIC, 하이투자증권

실 이슈가 경제 및 금융시장 전반으로 확산될 수 있다.

2008년 금융위기 당시 서브프라임 손실을 메꾸기 위해 미국은 3차에 걸친 양적완화, 정부부채 급증, 고실업률과 장기 저성장이라는 희생을 감수했다. 중국도 서브프라임 당시와 유사하거나 더 큰 손실을 처리하기 위해 미국과 같은 희생을 감내하려는 의지가 필요

하다. 그러나 중국은 사회주의 체제마저 흔들 수 있는 빚잔치(=구조조정)를 하지 않을 것이다. 따라서 중국이 단기적으로 부채 리스크를 통제할 수 있을지 모르겠지만 과감한 부채 축소를 위한 대책이 없다면 부채를 통제하지 못하는 단계에 이를 공산이 커 보인다. 중국 부채 리스크가 상당 기간 중국은 물론 글로벌 경제와 금융시장의 회색 코뿔소가 될 것이다.

무질서한 신용위기보다
질서 있는 저성장 진입 예상

사회주의 경제 특성상 부채 리스크를 어느 정도 통제할 수 있겠지만
중국 경제가 상당 기간 부채의 고통에 시달릴 위험이 크다.

중국 부채 리스크와 관련하여 가장 큰 관심사항은, 1990년대 일본 위기 혹은 2008년 리먼 사태로 대변되는 글로벌 금융위기와 유사하게 무질서한 신용위기로 전개될 것인가다. 결론적으로 단기적인 버블붕괴형의 무질서한 신용위기가 발생할 확률은 낮다. 그럼에도 불구하고 중국 정부의 정책 대응 실패시에는 질서 있는 신용위기 및 일본형 장기불황에 진입할 여지는 잠재해 있다.

단기적으로 버블붕괴형의 무질서한 신용위기를 낮게 평가하는 주된 이유는 버블 강도다. 현재 중국 부동산 가격 및 주가 그리고 경기의 버블 정도는 1990년 일본과 2008년 미국에 비해 상대적으로 낮

은 수준이다. 1990년 일본 버블붕괴 당시 도쿄의 부동산시장 시가 총액은 미국 전체 부동산 가격을 합친 것과 유사했다. 그리고 미국 서브프라임 위기는 주택시장 가격 버블 현상의 파열에 따른 부실도 원인이었지만 모기지 채권 관련 파생상품도 위기를 증폭시키는 매개체 역할을 했다. 현재 중국 부동산 위기와는 가장 큰 차이가 나는 대목이다. 주식시장 역시 일본과 미국 위기 당시에는 버블 수준이었지만 중국 현 주식시장은 과열 양상을 찾아보기 어렵다. 오히려 추세적 하락이 우려되고 있다. 참고로 중국 본토 증시는 2023년까지 연간 기준으로 3년 연속 하락했고, 홍콩 증시는 4년 연속 하락하는 등 주식시장이 심각한 위기에 직면해 있다.

두 번째는 가계부채 수준이다. 일본 버블붕괴와 미국 서브프라임 위기 당시 일본과 미국의 GDP 대비 가계부채 수준은 각각 68.4%(1990년), 99.1%(2007년 말)였지만 중국의 현 가계부채 수준은 61.3%(2022년)로 상대적으로 낮다. 중국의 가계부채 수준이 2015년 이후 빠르게 증가한 것은 부담스럽지만 그래도 낮은 부채 수준은 주택가격 급락을 제어하는 역할을 해줄 것이다.

세 번째로 중국 금융은 일본, 미국 금융시스템과 달리 관치금융이다. 정부의 의지에 따라서는 금융기관들이 손실을 떠안는 경우가 있더라도 대출 등을 통한 유동성을 무한정 공급할 수 있다. 단기적으로 중국 신용위기를 무질서한 신용위기보다 질서 있는 저성장 혹은 침체로 판단하는 가장 중요한 근거는 금융시스템이 정부 통제하에 있다는 것이다. 질서 있는 저성장(혹은 침체)이란 정부 통제하의 금융시스템이 무질서한 신용이벤트 발생 및 은행시스템 붕괴를 막아주는 상황에서 경기가 침체 국면에 진입함을 의미한다.

네 번째 이유는 중국 국가 전체의 자산 혹은 유동성 동원 능력이다. 각종 대내외 위기에도 불구하고 중국은 경상수지 흑자 기조를 유지중이다. 경상수지 흑자는 통상적으로 심각한 신용위기를 경험한 국가들과 비교해 뚜렷하게 차별화되는 현상이다. 대외건전성 측면만을 고려하면 중국이 국가 전체적으로 위기대응 여력을 갖추고 있음을 의미한다. 1990년대 일본 경제가 버블붕괴라는 심각한 치명타를 맞았음에도 국가 부도와 같은 총체적 부도사태로 이어지지 않은 것은 현재 중국과 마찬가지로 경상수지 흑자 등 풍부한 대내외 자산이 한몫을 했다.

다섯 번째로 기업 예금 역시 일종의 안전핀이다. 기업 예금은 위기 시에도 부채상환 능력이 남아 있음을 의미한다. 중국 기업예금 비율(GDP 대비)은 83.5%로 미국의 15.2%에 비해 상대적으로 매우 높다. 더욱이 관치금융으로 인해 사회 총융자 중 은행대출 의존도 64% 수준이어서 은행이 일차적으로 기업발 신용위기의 방어막 역할을 해줄 공산이 크다는 평가다(국제금융센터, '중국 경제위기론에 대한 평가 및 시사점', 2023년 8월 3일 자료 참조).

이 밖에도 일본에 비해서는 거대한 내수시장을 보유하고 있고, 위상은 약화되고 있지만 글로벌 공장입지가 아직은 건재하다는 것도 버블붕괴형 신용위기, 즉 무질서한 신용위기 발생을 낮추는 요소다.

신용위기는 피할 수 있어도
저성장 리스크는 피하기 어렵다

이처럼 중국 경제가 무질서한 신용위기에 빠지지는 않겠지만 저성장 리스크를 피하기는 어려워 보인다. 중국 경제는 매년 정부가 정한 성장률을 달성하기 위해 모든 자원을 동원하는 시스템이며, 이 시스템은 그동안 잘 작동되어 왔다. 그러나 팬데믹을 거치면서 시스템의 오류가 발생하기 시작했다. 성장률 목표치를 달성하지 못하는 사례가 나타나기 시작한 것이다. 물론 제로 코로나 방역정책과 같은 극단적 정책이 추진된 여파이지만 성장률 목표 달성에 힘겨워하는 것도 현실이다.

미-중 갈등 등으로 인해 중국 수출 사이클이 이전만큼 강한 성장세를 기록하지 못하고 있는 상황에서 중국 정부가 강조하는 내수시장은 계획만큼 확대되지 못하고 있다. 과잉투자를 유발할 정도로 강력한 정책수단을 들고 있지만 내수에 있어서는 정책 약발이 제대로 발휘되지 못하고 있다. 어찌 보면 내수 성장이 중국 경제 시스템이 지니고 있는 한계일 수도 있다. 시진핑 국가 주석이 집권 3기의 가장 중요한 정책 아젠다로 공동부유를 정한 것은 그만큼 중국 내 소득 불평등이 심화되었다는 것을 시사한다. 심각한 소득 불평등으로 중산층이 제대로 형성되지 못하면서 내수시장 성장 속도가 더딘 것이다.

또한 중국의 가파른 인구 고령화 사이클도 내수시장의 성장을 제한하는 구조적 리스크로 등장하고 있다. 무엇보다 정책은 내수 성장을 목표로 하고 있지만 경제주체들의 경제활동을 움츠리게 하는 정책 불확실성은 내수 성장을 가로막고 있다. 특히 부동산 시장 위축과 IT 산업에 대한 통제 강화는 고용불안만 심화시키고 있다. 소득이 불확실한 상황에서 소비 확대를 기대하기 어렵다.

중국의 내수 확대 전략, 그럼에도 남아 있는 의문부호

과연 현 중국 정부의 내수 확대 정책이 중장기적으로도 실효를 얻을 수 있을지 의문시된다. 과거 일본의 장기 저성장 사례에서 보듯 내수경기가 장기불황에 빠질 경우 헤어나기가 어렵다. 중국 경제를 일본형 장기불황에 자주 빗대어 얘기하는 가장 큰 이유는 아마도 중국 내수경기가 회복되기보다는 각종 구조적 및 정책적 리스크로 인해 불황에 빠질 수 있기 때문이다. 중국 정부가 부채 리스크에 대한 획기적 대책이나 정책 불확실성 해소에 적극적으로 나서지 않을 경우, 중국 경제가 무질서한 신용위기는 아니더라도 질서 있는 저성장 국면에 진입할 여지는 크다.

회색 코뿔소와 흰색 코끼리 리스크가
동반해서 올 수 있다

회색 코뿔소의 돌진은 어떻게든 막겠지만
회색 코뿔소는 중국 주변을 계속해서 배회할 것이다.

현실적으로 봤을 때, 중국 부채 리스크가 커다란 충격 없이 해소되는 것은 정말 어렵다. 일본 버블, 서브프라임 위기 및 유럽 재정위기 등의 과거 사례들을 보더라도 강도와 회복 속도의 차이가 있었을 뿐 부채 리스크는 빚잔치(=급격한 부채 조정) 이후 해소되는 형태를 보여왔다.

하지만 사회주의 체제를 고수하는 중국이 엄청난 경제적 충격을 동반한 신용위기의 고통을 감내하면서까지 부채 리스크를 해소하는 방법을 택할 가능성은 낮다. 따라서 부채 리스크를 해소하기보다는 차라리 잘 관리하는 것이 그나마 차선책이라 할 수 있다.

이를 위해서는 주요 선진국이 실시했던 정책수단을 사용할 수밖에 없다. 공적자금 투입과 재정 부양정책 강화를 통해 상당 부분의 부채를 중앙 정부가 떠안는 방식, 그리고 양적완화와 초저금리 정책의 추진이다. 중국 중앙 정부는 그림자 부채를 일정 수준 떠안을 여력은 있다고 판단된다.

문제는 구제금융과 공적자금을 투입하기 위해서는 손실 규모의 윤곽이 잡혀야 하고, 이를 위해서는 무엇보다 중국 정부의 강력한 구조조정이 필요하다는 것이다. 하지만 이 부문이 걸림돌이다. 자칫 은행들의 손실이 커질 수 있기 때문에 은행들의 자산건전성을 담보하기가 어려워진다. 또한 대규모로 증가하는 실업자 양산의 문제도 예견할 수 있다. 이 모든 문제를 중국 정부가 용인한다는 것은 현실적으로 더더욱 어려운 일이다.

공적자금을 위한 재원 마련 수단도 불투명하다. 기축통화국인 미국, 일본 및 유로의 경우 국채 발행, 즉 통화 증발을 통해 자금을 마련할 수 있지만 중국은 이러한 방안을 추진하기 어렵다. 또한 낮아진 중국 신뢰도를 고려하면 해외자금 조달도 만만치 않고 높은 조달 비용이 동반되어야 할 것이다.

초완화적 통화정책 실시 가능성도 미지수다. 위안화가 기축통화가 아닌 상황에서 과도한 유동성 공급은 또 다른 부작용을 유발할 것이다. 다만, 외환시장에 대해 중국 정부가 통제력을 지니고 있음을 고려하면 양적완화 및 초저금리 정책을 제한적 기간 내에서 추진할 수는 있다.

중국 부채 리스크 해소가
쉽지 않은 이유는 그림자 부채 때문

중국 부채 리스크에 대한 글로벌 금융시상 우려가 시간이 갈수록 현실화되는 분위기다. 글로벌 금융시장이 두려워하고 있는 것은 대형 부동산 개발업체의 연쇄부도 그 자체보다 부동산 개발업체 파산에 따른 그림자 부채 리스크 현실화다. 이 경우 중국도 금융시스템 리스크를 피하기 어렵다.

통상적인 위기대응 정책수단은 예측 가능하지만 중국이라는 독특한 정치 및 경제시스템을 고려할 때 정책 대응을 예측하기 힘들다. 이미 디플레이션 국면에 진입한 상황에서 ① 경제와 민생에 큰 충격을 주는 충격요법을 통해 단기간 내 부채 리스크를 해소하는 정책수단을 선택할지 혹은 ② 경제에 미치는 악영향을 최소화하기 위해서 장기적으로 부채 리스크를 관리 혹은 해소하는 정책수단을 사용할지를 두고 중국 정부가 딜레마에 직면해 있다.

어찌 보면 글로벌 금융시장은 전자인 충격요법을 선호하고 있을지 모른다. "골이 깊으면 산이 높다"라는 격언처럼 큰 충격은 불가피하지만 단기간에 중국 부채 리스크가 어느 정도 해소되는 방안을 원하고 있다. 그러나 중국은 충격요법보다는 만만디(慢慢的) 방식의 부채 리스크 관리 방안을 선택할 것으로 예상된다.

만만디 방식의 부채 해소방안을 선택할 경우 2010년대 중반과 같은 중국 성장 둔화 모습이 재연될 공산이 크다. 당시를 되돌아보면 중국 정부는 글로벌 금융위기에 맞서 4조 위안이라는 대규모 경기부양책을 통해 위기를 벗어났다. 그러나 과도한 경기부양책의 후유증은 투자과잉을 잉태했고, 시진핑 국가 체제가 출범한 2013년부터 본격적인 구조조정에 나서는 우를 범했다. 이는 곧바로 중국 GDP 성장률의 둔화로 나타났다. 2005~2011년까지 연평균 10.7%의 고성장세를 구가하던 중국 경제는 구조조정 여파 등으로 투자증가율이 급격히 둔화하면서 2012~2019년 기간 중 연평균 성장률이 7.1% 수준으로 낮아졌다.

2024년이 중국 부채 리스크의 중요한 고비가 될 수 있다

과잉 부채 해소를 위해 충격요법보다 만만디 부채 해소정책을 추진할 경우 중국 성장률은 5% 이하, 즉 3~4%대 수준으로 성장률이 하향될 리스크가 크다. 이미 팬데믹 영향이 크게 작용하여 2020~2023년 연평균 GDP 성장률이 5%를 하회하기 시작하는 등 저성장 국면에 진입했다. 그리고 최악의 시나리오지만 중국 정부의 부채 리스크 통제력이 약화된다면 일본형 디플레이션에 빠질 위험도 배제하기 어렵다.

관련하여 2024년은 중국 입장에서 고비의 해일 것이다. 부채 리스크 확산을 막기 위한 최소한의 방어막이 구축되지 못한다면 중국 경제가 심각한 위기에 직면할 여지가 크다.

결국 중국이 2008년 미국의 금융위기 당시처럼 강력한 구조조정, 즉 빚잔치를 회피한다면 회색 코뿔소의 돌진은 어떻게든 막겠지만 회색 코뿔소는 중국 주변을 계속해서 배회할 것이다. 부채 공포의 피로감이 중국 경제 체력을 약화시키고 부채위기가 주기적으로 반복되는 현상이 나타날 것이다. 따라서 중국 정부가 부채 리스크를 회피하기만 할 경우 부채라는 엄청난 회색 코뿔소 리스크를 피한다 해도 경제와 금융시장은 겉만 번지르르하고 쓸모없이 관리하기만 힘든 하얀 코끼리(white elephant: 무용지물) 리스크를 증폭시킬 것이다.

중물가-중금리 패러다임에서
자유롭지 못한 미국

이전 사례와 달리 공격적 금리인상 사이클에도 미국 경제가 순황중이지만,
중물가-중금리 장기화시 미국도 부채 리스크에서 결코 자유로울 수 없다.

어찌 보면 2008년 금융위기 이후 거의 20년 만에 직면하게 된 중
물가-중금리 패러다임에서 미국 경제가 경기침체나 부채위기 없이
견뎌낼 것인지는 이번 금리인상 사이클이 시작된 2022년 3월부터
계속되어온 논쟁거리다. 다행히 미국 경제는 우려와 달리 큰 충격
없이 잘 버텨내고 있다. 오히려 주식시장만을 보면 이번에는 고금리
충격을 피해갈 것 같은 양상이다.

더욱이 위기와 관련해 늘 주시하고 있는 신용스프레드는 금리인
상에도 하향 안정세를 보이고 있다. 부도 위험 혹은 경기침체 위험
이 커지면 돈을 빌리기 어려워져 고금리라도 돈을 빌리려는 수요가

늘어나게 되고 이는 국고채와 회사채 간 금리 차이를 의미하는 신용스프레드의 상승으로 이어진다. 과거 경기침체 및 신용위기 당시에 전형적으로 나타나던 현상이다. 그러나 미 연준의 가파른 금리인상 사이클에도 불구하고 아직까지 미국 신용스프레드가 안정을 보이고 있는 것은 극히 이례적인 현상이다.

더욱이 미국 내 각종 부채 리스크가 잠재해 있음을 고려할 때 신용스프레드 안정은 특이한 현상이다. 과거와 달리 기업들의 현금 유동성이 양호하고, 기술혁신 사이클과 막대한 재정지출 등이 이례적 현상을 연출하고 있는 것이다. 여기서 중요한 것은 현재의 신용스프레드 안정이 앞으로 위기가 발생하지 않을 것을 의미하지는 않는다는 점이다.

큰 파열은 아니지만
작은 부채 소음은 잇따르고 있다

중물가-중금리 시대가 지속되는 한 미국도 부채 리스크에서는 자유롭지 못하다. 미국 국가신용등급 전망 강등 사례는 미국도 부채 리스크에서 자유롭지 못함을 단적으로 보여준 시그널이다. 물론 미국이 지난 2008년 서브프라임 사태와 같은 전면적인 신용위기에 직면하지는 않겠지만 제한적 부채 리스크가 발생할 가능성은 여전히 잠재해 있다.

미국의 부채 리스크 상황을 종합적으로 살펴보면 미국 스스로 자초한 면이 없지 않아 있다. 2000년 초 IT 버블과 금융위기 그리고 팬데믹 등 각종 위기를 거치면서 유동성(=부채) 만능주의에 빠진 듯하다. 아프고 힘들 때 유동성과 제로금리라는 링거를 지속적으로 맞으면서 끊기 힘든 유동성 중독 현상에 빠졌다.

여기에는 달러 기축통화체제가 흔들리지 않을 것이라는 신뢰도 한몫하고 있다. 미국 경제는 만성적인 경상 및 재정수지 적자 현상, 즉 쌍둥이 적자 현상이 지속되고 있지만 미국 국채의 매력은 크게 떨어지지 않고 있다. 의도적일지 모르지만 중국의 미국 국채 매도 현상에도 불구하고 미국 국채는 여전히 전 세계에서 가장 안전한 자산으로 각광받고 있다.

그러나 언제일지 가늠하기 힘들지만 현 미국 부채 추세가 장기화된다면 미국 국채위기, 즉 부채위기가 다시 엄습할 가능성도 배제할 수 없다. 여러 요인이 있지만 달러의 대체재인 금 가격은 역사상 최고치에 이르렀다. 통상적으로 금 가격의 슈퍼 랠리는 달러화 약세일 때 나타났다. 닉슨 행정부 시설 금태환 정지로 인한 달러 약세 국면, 글로벌 금융위기 직전 중국 붐에 따른 달러 약세 국면이 대표적 사례다. 달러 초약세 국면에서 금이 주목받는 것이 일반적이지만 최근에는 달러 강세에도 불구하고 금 가격이 랠리를 보이고 있다. 과잉 유동성이 각종 자산에 흘러가는 요인도 있지만 미국 부채 증가에 대한 우려의 시각도 금 랠리를 부추기고 있다.

비트코인 가격 랠리는
위험에 대비한 투자일 수도 있다

금뿐만 아니라 자산 성격을 둘러싼 논란이 지속되고 있는 비트코인 가격도 재차 랠리중이다. 팬데믹 직후 비트코인 버블 논란 당시와는 뭔가 느낌이 다르다. 비트코인 현물 ETF가 출시되면서 비트코인 하나이지만 가상화폐가 제도권에 편입되는 것은 주목할 만한 사건이다. 결국 일반인의 의식 속에도 비트코인 등 가상화폐가 새로운 자산으로 인식되면서 장기적으로 달러화를 대체할 자산이 될 수 있다는 생각을 가지게 한 것이다. 비트코인을 포함한 가상화폐의 자산 논란은 앞으로도 지속되겠지만 금과 더불어 비트코인이 주목받고 있는 현실은 근본적으로 급격하게 증가한 달러 유동성(=빚)을 미국이 장기적으로 상환할 수 있을지에 대한 막연한 불안감이 반영되고 있는 느낌이다.

앞서 중국의 부채 회색 코뿔소는 이미 출연해 중국 주변을 맴돌고 있다고 한다면 미국 부채 코뿔소는 보이지 않지만 언젠가는 다가올 위험으로 인식되고 있다.

미국의 어렴풋한 부채 코뿔소의 위험은 부채 증가도 원인이지만 중물가-중금리 진입도 또 다른 요인이다. 그동안 미국의 양적완화에 의한 달러 과잉 유동성(=부채 급증)에도 불구하고 부채 코뿔소 위험을 거의 느끼지 못했던 것은 초저금리의 힘이 컸다. 사실상 공짜 점심을 미국이 향유하며 누려왔지만 이제는 값비싼 점심 비용을 내야

하는 입장에 몰려 있는 것이다.

단적으로 국채금리 상승 여파로 미국 정부의 이자지출 비중 급증이 불가피하다. 미국 의회예산국(CBO) 예측에 따르면 정부부채 이자비용은 2023년 GDP 대비 2.5% 수준에서 2050년에는 6.1%까지 급증할 것이며 국채금리가 예상보다 더욱 상승하는 최악의 시나리오가 발생한다면 이자비용은 더욱 급격히 상승할 수 있다는 경고를 내놓고 있다. 참고로 1980년대 스태그플레이션으로 미국의 기준금리가 20%에 달하는 초금리 수준에서도 이자비용은 GDP 대비 5% 수준이었다.

현실적으로 미국 기준금리가 1980년대 초반과 같이 20%까지 상승할 가능성은 희박하다. 그러나 부채가 기하급수적으로 증가한 상황에서 중물가-중금리 국면 지속시 미국은 값비싼 점심 비용을 지불해야 하는 처지에 몰리게 된다.

미국은 부채 리스크 방어력을
그나마 지니고 있다

미국이 고금리 충격을 이겨내는 원동력은 가계의 낮은 부채 수준도 한몫하지만
탄탄한 고용시장과 기술혁신을 이끄는 슈퍼히어로 기업이 있기 때문이다.

미국이 당장 직면한 부채 리스크로는 사상 처음으로 1조 달러를
넘어선 신용카드 대출이나 저신용등급 기업의 회사채 채무불이행을
떠올릴 수 있다. 그러나 금융시장이 가장 주목하는 미국 신용리스크
는 아무래도 상업용부동산 대출이다. 2008년 금융위기가 주택가격
발 가계부채였다면 이번에는 상업용부동산 대출이 가장 위험한 부
채 위험으로 평가받고 있다. 물론 현 미국 경제 상황을 고려하면 부
동산 부실 문제가 당장 현실화되지 않을 것이다. 낮은 연체율, 금융
위기 경험으로 엄격해진 은행권의 모기지 대출 리스크 관리, 서브프
라임 당시와 달리 모기지 관련 파생상품 리스크가 크지 않다는 점

등도 상업용부동산 부채 위험을 단기적으로 막아줄 방어막이다.

그럼에도 불구하고 사무실을 중심으로 한 상업용부동산 공실률 확대, 고금리에 따른 수익률 급락 그리고 차환 리스크 등으로 상업용부동산이 부실 위험에 노출되어 있음도 분명하다. 더욱이 중물가-중금리 현상은 지속적으로 상업용부동산 부채 위험을 자극할 것이다.

결국 관건은 미국 경제의 근본적인 부채 리스크 방어력인데 미국은 다행히 그나마 방어력을 지니고 있다. 그 증거로 들 수 있는 것은 우선 양호한 가계자산이다. 미 연준의 금리인상으로 가계 순자산 규모는 감소하고 있지만 지난 글로벌 금융위기 당시와 비교하면 상대적으로 적은 규모다. 더욱이 팬데믹 과정에서 각종 자산가격 급등에 힘입어 미국 가계가 단기간에 엄청난 자산을 축적했기 때문에 일부 상업용부동산 부채 관련 부실이 설사 발생하더라도 부채 리스크 확산을 막아주는 방어막 역할을 할 것이다.

탄탄한 고용시장이
고금리 충격을 완충시키는 스펀지

탄탄한 고용시장도 금리인상의 충격을 흡수하는 역할을 하고 있다. 각종 구조적 요인, 즉 베이비붐 세대의 대규모 노동시장 이탈, 이민자 감소 및 리쇼어링 효과에 기반한 고용확대 효과는 미국 내 노동공급 부족 현상을 촉발시켰다. 과거 금리인상이 즉각적으로 고용시장에 충격을 주던 것과는 사뭇 다른 고용상황이 전개되고 있다. 탄탄한 고용시장이 자연히 가계의 소득 증가로 이어지면서 고금리에 따른 이자지출 증가 부담을 충분히 감내할 수 있게 해주고 있다.

가계자산 및 고용시장이 상업용부동산 부채와 별개인 듯 보이지만 부채 리스크는 전이라는 특성을 지니고 있다. 가계 혹은 기업마저 부실하다면 작은 부채의 불꽃이 큰불, 즉 상업용부동산 부실로 이어질 것임은 자명하다.

가계의 재무 건전성과 함께 미국의 부채 방어력을 높이는 것은 기술혁신 사이클이며 이는 앞으로도 부채 방어력 역할을 할 것이다. 이번 미 연준의 공격적인 금리인상 사이클 충격을 미국 가계와 기업들이 버텨낼 수 있는 원동력은 결국 미국 산업 혹은 기업의 펀더멘털(fundamental)이다.

미국의 위기마다 등장하는
기술혁신이라는 히어로

미국 신용스프레드는 역사적 평균치를 하회하는 안정세를 유지하는 중이다. 미국의 이러한 안정세는 고금리를 지속하는 환경 속에서 매우 이례적인 현상으로 꼽을 수 있다. 여기에는 기술혁신 사이클이 큰 몫을 담당하고 있다.

위기의 슈퍼 히어로는 기술혁신 사이클

연도	금융위기	연도	기술 혁신	의의
1845년	철도 버블 붕괴	1840년대	철도	철도 주가 폭락으로 영국 국민총생산의 절반에 맞먹는 시가 총액 증발. 하지만 버블 당시 건설된 철도가 현재 영국 철도 시스템 총 연장의 90%
1857년	미국 철도 회사의 부실과 금 투매로 촉발된 최초의 글로벌 금융위기 (공황)	1854~1858년	최초의 대서양 횡단 전신 케이블	실질적인 성과를 낸 첫 번째 프로젝트로 미국과 유럽 간 메시지 전송에 사용
1907년	연방준비제도의 창설로 이어진 미국 은행 위기	1906년	최초의 라디오 방송 시작	1901년 세계 최초로 라디오 전파에 목소리를 실어 전달하는 기술 개발. 이후 1906년 크리스마스 이브에 최초의 라디오 방송 시작
1929~1933년	대공황 (현대 역사상 최악의 경기 침체)	1926년	최초의 기계식 TV	세계 최초로 만들어 시연한 기계식TV 텔리바이저
		1927~1930년	최초의 전자식 TV	테일러 판즈워스의 인류 최초의 전자식 TV, 20세기 진공관 문명의 총아라 할 TV 발명
1973~1974년	오일 쇼크와 스태그플레이션	1975년	최초의 개인용 컴퓨터	MITs가 개발한 알테어 8800(Alt air 8800), 256바이트 메모리 장착
1997~1998년	아시아 금융위기	1996년	도시바(日), 최초의 디지털 비디오 디스크 출시	VHS 테이프보다 더 높은 저장 용량과 더 나은 품질 제공
2000~2004년	닷컴 버블 (IT 버블) 폭락	2001년	아이팟	애플, 최초의 휴대용 디지털 음악 플레이어
		2002년 ~	애플, 아마존, 구글, 네이버 등	콘텐츠 기업의 독주

2007~ 2009년	글로벌 금융위기 (서브프라임)	2007년	아이폰	애플, 최초의 스마트폰 '아이폰'
			스타트업	수많은 애플리케이션의 탄생
2010~ 2012년	유럽 금융위기	2010년	아이패드	애플, 최초의 태블릿 컴퓨터
2022년 ~	코로나 버블	2022년	챗GPT	오픈AI가 개발한 대화 전문 인공지능 챗봇

미국 투자 사이클은 팬데믹 이후 견조한 사이클을 유지하고 있다. 그만큼 미국 기업들의 투자 사이클이 강하다는 의미로 풀이할 수 있다. 팬데믹 발생을 전후로 본격화된 기술혁신 사이클이 그 중심에 있다. 일부에서 기술혁신 사이클의 버블론도 있지만 미국은 물론 글로벌 경제에서 기술혁신 사이클은 중장기 추세로 자리 잡고 있다. 더욱이 기술혁신 사이클을 두고 벌이는 미-중 간 공급망 경쟁에서 미국이 한발 앞서나가고 있음도 일단 미국 경제 및 기업 펀더멘털에 긍정적 영향을 미치고 있다. 오바마-트럼프-바이든 행정부로 이어지는 탈중국 혹은 미국 우선주의 정책은 미국 입장에서 실효를 얻고 있다.

역사적 사례를 보더라도 위기의 돌파구 역할은 늘 기술혁신의 몫이었다. 어쩌면 중물가-중금리 국면에서 미국도 부채 리스크에 휘청일 수 있었지만 새로운 기술혁신이 미국을 지켜주었다. 따라서 미국 경제의 슈퍼 히어로는 기술혁신 사이클이라고 해도 과언이 아니다. 대표적으로 1990년대 인터넷 사이클에서는 마이크로소프트가 등장했고 글로벌 금융위기 직후에는 스마트폰 사이클을 이끈 애플이 히어로로 등장해서 미국 경제를 이끌었다. 그리고 팬데믹 직후에는 소위 매그니피센트7이라는 수퍼 히어로 기업들이 미국 기술혁신 사이클을 견인하고 있다. 미국의 수퍼 히어로는 꿈인 동시에 현실이며 미국 성장의 주된 동력이다.

마약과 같은 유동성,
부채와 공존하는 시대

미국이 당장 심각한 부채 위기를 겪진 않겠지만 부채의 증가는 피할 수 없다.
중국도 부채 상환 시간이 흘러갈수록 심각해질 수밖에 없는 현실이다.

어느 순간 전 세계는 마약과 같은 유동성(=부채)을 단절하기 힘들게 되었다. 팬데믹과 같은 돌발 변수도 있었지만 부채상환 능력인 성장 모멘텀이 사라졌기 때문이다. 예를 들어 미 연준의 기준금리가 5.25~5.5% 수준이다. 이자만이라도 상환하기 위해서는 최소한 명목 성장률이 5.5% 이상을 기록해야 하지만 현실적으로 힘든 수치다. 미국을 포함한 일부 주요 선진국의 경우 성장 모멘텀도 있고 기축통화 국가라는 장점을 통해 이자를 상환해야 할 높은 수준의 성장률이 반드시 필요한 것은 아니지만 여타 국가의 경우에는 금리 수준을 넘어서는 성장률 유지가 필요하다. 만약 낮은 성장률이 지속된다면 단순하게 이자 상환도 못하면서 부채만 증가하는 상황이 되어 더욱더 부채 의존도가 높아질 것이다. 즉 부채의 늪에 더욱 깊게 빠져들어가는 부채 악순환에 진입하게 될 것이다. 고부채 하에 저성장 그리고 중물가-중금리 유지라는 피하고 싶은 현실에서 전 세계 부채는 줄어들기보다 계속 증가할 것이다.

부채와의 공존은 누구도 피하기 어려운 냉혹한 현실이다. 미국이 당장 큰 부채위기에 직면하지는 않겠지만 부채는 계속 늘어날 수밖에 없는 구조다. 중국은 부채상환이 시간이 흘러갈수록 심각해질 수 있다. 중국 경제가 고도성장을 하는 시기에는 부채상환에 큰 어려움을 겪지 않았지만 저성장 국면에서 현재는 부채상환이 쉽지 않음은 분명하다. 그나마 중국 금리 수준은 낮은 수준을 유지하고 있어 다행이지만 금리 급등시에는 심각한 부채위기에 직면하게 될 것이다.

중국 부채 리스크에는 신뢰성 저하도 한몫

중국 부채 리스크와 관련하여 또 다른 문제는 신뢰성 리스크다. 헝다 및 비구이위안 등 중국 부동산개발업체의 사실상의 채무불이행 경험과 이에 대처하는 중국 정부의 미숙하고 미온적인 정책 대응 능력은 과연 중국이 부채를 제대로 갚을 수 있을지에 대한 의문을 높였다. 미국과 패권다툼을 하는 중국의 부채상환 능력을 의심하는 것이 어쩌면 비현실적이다. 그러나 투명하지 못한 부채 관리와 대응 능력은 다시금 중국의 부채 혹은 부채상환 능력에 대한 신뢰성을 약화시키기에 충분하다.

이처럼 늘어만 가는 부채와 약화되는 부채상환 능력 등 부채 리스크를 해소하고 전 세계 부채 규모를 줄이기 위해서는 가혹한 충격 요법이 요구되지만 그 누구도 강제적 부채 조정을 원하지 않고 있다. 정확히 말해 부채 리스크를 모두 회피하고 있다. 정치적 양극화와 자국 우선주의가 강화되는 상황에서 스스로 과감한 부채 조정에 나설 정부는 전 세계 어느 곳도 없다는 것이 현실이다. 부채 감축은 필요하지만 현실적으로 불가능한 얘기가 되고 있다.

부채 리스크,
다양한 갈등을 초래할 듯

부채 리스크와 관련하여 더욱 주목할 것은 단순한 경제적 충격과 위기보다는 부채 리스크가 결국 초래하게 될 다양한 갈등이다. 세대 간에 부채상환을 둔 사회적 갈등도 심화될 것이다. 은퇴세대 혹은 기성세대가 쓴 부채를 젊은 세대는 갚으려 하지 않을 것이다. 인구적으로 보면 젊은 세대의 부채상환 능력은 갈수록 취약해지고 있다.

성장의 과실인 자산(=부)의 증대 효과를 만끽한 세대인 은퇴세대 혹은 은퇴를 앞둔 세대의 경우 인구적으로 정점을 기록했던 세대들이다. 부양을 책임진 젊은 세대의 인구가 부양받을 세대 인구보다 적다는 점에서 젊은 세대의 부채 증가로 인해 부채가 급속히 증가하는 것은 당연한 결과다. 여기에 20~40대 세대들은 저금리에 익숙한 세대들로, 부의 축적을 근로소득 혹은 장기간 이루어진 자산가격 상승을 활용하기보다 부채를 활용한 자산 증대 방식을 선호하는 세대다. 저금리 기조하에서 부채를 활용한 레버리지 투자는 큰 효과를 보겠지만 중금리 상황에서 레버리지 투자는 자칫 부채만을 증대시키는 부작용을 촉발시킬 여지가 크다. 중금리 시대로 젊은 세대의 빚 부담만이 더욱 커질 수 있는 여건이다. 어쩌면 인류가 생긴 이후 혹은 자본주의 경제체제가 본격화된 이후 자연스럽게 지속되던 부채 사이클 및 부채 세습이 더 이상 힘들어지고 갈등만을 증폭시킬 가능성이 커지고 있음은 슬픈 현실이다.

한계기업과 금융기관 간 부채 관련 갈등도 깊어질 것이다. 저금리 덕택으로 간신히 영업활동을 영위하던 한계기업들은 중금리 시대에 들면서 커다란 생존 위협을 받게 될 것이다. 따라서 한계기업의 부실이 금융시스템으로 전이되는 현상이 빈발할 것이다. 중국의 부채도 결국 한계기업 부실이 현실화되는 과정이다. 글로벌 경제가 안정적 성장을 구가하던 시절에는 모든 산업이 동반 호황을 누렸지만 이제는 이를 기대하기 힘들다. 성장둔화도 요인지만 산업패러다임 변화로 산업별 혹은 기업별 양극화 현상 심화가 불가피하다. 모두 함께 공생하기 힘든 시대가 열리고 있다. 기업과 금융기관 간 그리고 기업과 기업 간 갈등 심화현상도 점점 더 뚜렷해질 것이다.

부채는 패권경쟁의
또 다른 도구

더욱 큰 문제는 국가 간 갈등 확산이다. 커지지 않는 파이를 두고 국가 간 벌이는 각축 심화는 갈등 현상 심화 혹은 전쟁 빈발로 이어질 개연성이 크다. 미-중 간 패권전쟁도 결국 어느 순간 커지지 않는 파이를 두고 양국이 서로 큰 파이 조각을 차지하거나 파이를 나누지 않기 위해 벌이는 힘 대 힘 각축으로 해석된다. 이러한 상황에서 미-중 양국 모두 정도의 차이가 있지만 부채 리스크에 노출되어 있다. 부채라는 약점을 서로 간파한 이상 부채 리스크를 최대한 이용한 전술이 추진될 것이다.

미국 등 서방국은 중국에서 자본을 빼면서 중국의 부채 위험을 높일 수 있고, 중국은 미국 정부부채라는 약점을 이용하기 위해 미국 국채를 지속적으로 매도할 여지가 크다. 너무 비약된 소설 같은 이야기지만 냉혹한 현실을 보면 소설에만 그치지 않을 수 있다.

무엇보다 금리 환경이 변화되었다는 것은 부채의 고통을 키우면서 다양한 갈등 역시 격화시킬 것이다. 과연 전 세계가 중물가-중금리 시대를 맞이하여 부채와 공존할 방안을 마련할 수 있을지 지켜볼 시간이다.

- 빚에 허덕이기 시작한 미국 MZ세대
- 세대 간 부의 편중 심화와 부의 세습
- 한 번도 경험하지 못한 선진국 초고령사회
- 중국 인구절벽 시나리오: 2100년 중국 인구 5억으로 급감
- 새로운 세대인 잘파세대 등장

CONFLICTING

4장

세대 간 갈등 및 부의 갈등도 격화된다

갈등은 먼 곳에만 있지 않다. 베이비붐 세대의 급격한 은퇴와 출산율 급락으로 대변되는 인구 사이클의 변화는 세대 간 갈등을 깊게 하고 있다. 성장의 큰 수혜를 받은 세대와 부양과 빚 부담에 노출된 세대 간 갈등 현상은 시간이 갈수록 첨예화될 것이 분명하다. 여기에 과도한 부의 편중 현상 혹은 소득 불평등 심화는 세대 간 갈등은 물론 사회적 갈등마저 증폭시키고 있다. 인구절벽 시대가 아닌 인구소멸 시대의 우려가 커지고 있는 배경에는 세대 간 갈등 및 부의 갈등도 큰 역할을 하고 있다.

- 전 세계 공통적 현상인 MZ세대의 빚 부담은 초저금리 현상과 더불어 팬데믹이 초래한 부작용 중 하나다.

- 미국 베이비붐 세대가 미국 내 순자산의 절대 규모를 소유하고 있다. 그러나 모두가 부자는 아니다. 소득 불평등, 즉 부의 집중 현상이 심화되었다.

- 전 세계가 경험해보지 못한 고령화 경제 시대를 눈앞에 두고 있다. 고령화는 더 이상 우려가 아닌 현실이다.

- 중국 인구 5억 명은 소설 같지만 현실화되고 있는 인구 시나리오다. 중국의 인구절벽 리스크는 중국만의 문제가 아니다.

- 더 이상 MZ가 차세대를 대변하지 않는다. 이제는 잘파세대가 등장하면서 또 다른 차원의 세대 문화가 시작되고 있다.

- 소득불균형 및 디지털 환경이 세대갈등을 심화시키겠지만 한편으로 디지털 세대의 변화 혹은 혁명도 가시권에 들어왔다.

빚에 허덕이기 시작한
미국 MZ세대

전 세계 공통적 현상인 MZ세대의 빚 부담은
초저금리 현상과 더불어 팬데믹이 초래한 부작용 중 하나다.

MZ세대가 빚에 허덕이고 있다. 아마도 전 세계 공통적인 현상이 아닐까 싶다. 절대적 빚 규모는 국가별로 차이가 있을지 모르지만 젊은 세대가 중장년층 혹은 노년층보다 자산대비 부채가 많은 것은 피할 수 없는 현실이다. 미국의 사례를 보더라도 MZ세대 중 M세대(밀레니얼 세대)인 30대의 부채가 눈에 띄게 많다. 모기지를 제외한 인당 평균 부채 규모는 26,532달러로 40대(27,838달러) 다음이다. 더욱이 절대 규모는 전 연령층 중 가장 많다. 경제활동을 본격화하는 나이라는 점에서 부채(=빚)가 많을 수밖에 없는 나이지만 이전에 비해 MZ세대를 중심으로 한 젊은층의 부채 규모는 갈수록 커지는 양상이다.

미국 연령별 부채 규모(2022년 기준)		
연령	모기지 제외 총부채 규모 (10억 달러)	1인당 평균 부채 규모 (달러)
18~29세	69	12,871
30~39세	1,170	26,532
40~49세	1,130	27,838
50~59세	98	23,719
60~69세	64	16,661
70세 이상	36	9,827

출처: Debt.org, 하이투자증권

팬데믹도 MZ 부채 급증
원인 중의 하나

MZ세대의 빚 부담이 늘어난 데는 초저금리 장기화도 큰 영향을 미쳤지만 결정적 계기는 팬데믹이었다. 2019~2020년 기간 중 미국의 연령별 부채 증가율을 보면 M세대(밀레니얼 세대, 1981~1996년 출생)와 Z세대(1997~2012년 출생)의 부채 증가 속도가 월등하다.

M세대들이 본격적으로 경제활동을 시작한 시점부터 금리가 대세 하락기에 진입했기 때문에 부채에 대한 두려움을 거의 느끼지 못하는 분위기였다. 여기에 팬데믹 직후 초저금리와 과잉 유동성은 전 세계 젊은층의 영끌 투자 불씨를 당기면서 젊은 세대의 빚 부담을 가중시켰다. 넘치는 저금리 유동성에 각종 자산가격의 동반 붐 현상은

젊은 세대의 부채 고속열차 탑승을 부채질했다. 주가 및 주택가격은 물론 비트코인으로 대변되는 가상화폐의 붐에 편승하지 않으면 벼락거지가 될 수 있다는 포모(FOMO) 신드롬과도 무관치 않다. FOMO는 'fear of missing out'의 머리글자를 딴 말로 원래 2004년경 SNS(소셜미디어)에서 사용되던 용어다. SNS로 친구나 지인들이 무엇을 하고 있는지 실시간으로 공유하게 되면서 자신만 소외당하고 있는 건 아닐지 두려워하는 마음을 가리키는 말이었지만, 팬데믹을 거치면서 투자 소외 현상에도 사용되고 있다. 주식 및 주택가격 급등으로 자신이 소외될까 두려워 빚을 내는 젊은층이 급속히 늘어났다.

과거와 달리 금융시스템 발달도
MZ 부채 급증 원인

젊은 세대의 부채 급증에는 손쉬워진 금융기관 접근성과 지불 수단의 다양화도 한몫했다는 생각이다. 대출을 받기 위한 각종 서류 및 신용보증 등 금융기관의 대출 문턱이 높았던 시기와 달리 인터넷 및 스마트 뱅킹 보편화로 대출을 이전보다 손쉽고 빠르게 이용하게 되었다. 은행에 국한되지 않은 다양한 금융기관 대출 창구 혹은 금융 플랫폼 등도 부채 증가에 일조한 측면이 있다.

다양하고 빨라진 결제 수단도 부채 증가와 연관성이 높다. 단적인 예로 미국에서 '유령부채'가 사회적 문제가 되고 있다. CNBC 방송은 후불결제로 알려지고 있는 '선구매 후결제(BNPL, Buy Now Pay Later)'서비스가 사회 및 경제적 문제가 되고 있다고 보도했다.*

후불결제는 신용카드와 유사하게 보이지만 차이가 있다. 예를 들어 100달러짜리 의류 구매시 신용카드로 결제할 경우 다음 결제일에 구매 대금의 전액 혹은 이자를 내고 할부로 지불하는 방식인 반면, 후불결제는 4개월간 25달러 또는 이자를 포함해 그 이상의 고정 금액을 지불하는 방식이다. 후불결제의 장점이자 폐해는 신용카드에 비해 이자율이 상대적으로 낮고 신용평가업체에 사용 내역이 통보되지 않아 금융 소비자가 얼마나 많은 대출을 가졌는지 은행이 파악하기 어렵다는 것이다. 대출 리스크 관리에 사실상 구멍이 뚫린 것이다. 후불결제가 부채 증가의 복병일 수 있는 것은 충동구매를 조장할 수 있다는 점이다.

이처럼 MZ세대를 중심으로 한 젊은 세대의 부채 증가는 저금리 장기화라는 금융환경은 물론 사회 및 문화환경 변화 등 다양한 요인이 결부되어 있다. 또한 뒤에서도 설명하겠지만 부의 사다리가 과거에 비해 없어지는 사회적 현상도 MZ세대들이 부채에 허덕일 수밖에 없는 또 다른 원인을 제공했다. 그러나 중요한 것은 이유를 떠나 중장년층보다 젊은 세대의 부채 문제가 심각한 국면에 이르고 있다는 것이다.

---

* 연합뉴스, 2024년 1월 8일자 기사 참조.

세대 간 부의 편중 심화와
부의 세습

미국 베이비붐 세대가 미국 내 순자산의 절대 규모를 소유하고 있다.
그러나 모두가 부자는 아니다. 소득 불평등, 즉 부의 집중 현상이 심화되었다.

    "고령층만 부자다." 이는 미국 세대별 자산 구성을 표현한 문장이다. 이와 관련해 흥미로운 데이터가 있다. 미국 베이비붐 세대의 순자산 규모가 100조 달러에 이른다는 추정치다. 미국 가계의 총 순자산 규모가 약 140조 달러 수준임을 고려할 때 베이비붐 세대에 부가 집중되어 있는 것이다. 더욱 흥미로운 데이터는 베이비붐 세대와 사일런트(Silent) 세대(1928~1945년 출생) 인구가 전체 인구의 약 29%에 불과하지만 이들 세대가 보유하고 있는 순자산액은 전체 가계자산의 약 71%에 이른다는 사실이다.

    베이비붐 세대에 이처럼 부가 집중될 수 있었던 원동력은 2차 세계대전 이후 미국 경제의 급격한 성장에 기댄 1970~1990년대 부동산 및 주식의 장기 호황사이클이다. 1983년 이후 40년간 미국의 평균 주택가격 상승률은 500%, S&P500 지수는 동기간 2,800% 상승했지만 물가상승률은 200% 수준에 그쳤다. 어찌 보면 다시 경험하기 힘든 미국의 장기 호황 성장 및 자산가격 사이클이 베이비붐 세대의 부의 증식에 크게 기여했다.

베이비붐 세대라고
모두 부자는 아니다

그러나 간과하지 말아야 할 사실도 있다. MZ세대의 보유자산에 비해 베이비붐 세대의 보유자산이 월등히 많은 것은 분명하지만 베이비붐 세대 모두가 부자는 아니라는 것이다. 베이비붐 세대 내에도 부자와 가난한 사람이 존재했고 부의 불균형 현상은 시간이 흘러갈수록 악화되었다.

미국의 소득불균형 심각성은 여러 데이터를 통해 확인된다. 미국의 소득 상위 1%가 전체 소득의 20%를 차지하고 있다. 1980년대 10% 수준이었던 동 비중이 2배 이상 급증하면서 대공황 당시와 비슷하다는 것이 중론이다. 소득분위별 순자산 보유비율을 보더라도 2019년 기준으로 상위 10%가 전체 순자산의 73%를 소유하고 있는 중이다. 1992년 62.9%에 비해 거의 10%p나 급증했다.

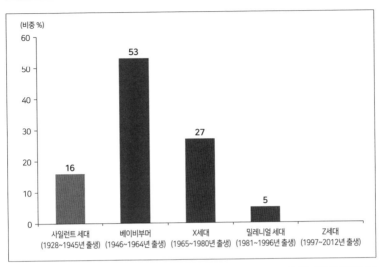

(비중 %)

출처: Visual Capitalist, 하이투자증권 리서치본부

소득불균형 현상은 더욱 심화될 가능성이 크다. 여기에는 베이비붐 세대의 은퇴에 따른 부의 대물림도 한몫을 할 전망이다. 보다 구체적으로 세룰리 어소시에이츠(Cerulli Associate)에 따르면 전체 부의 76% 수준인 53조 달러의 베이비부머 자산이 향후 25년에 걸쳐 X세대(31조 달러) 및 밀레니얼 세대(25조 달러)로 이전될 것으로 추정된다. 참고로 세대별 자산 구성 비중은 기관별로 다소 차이가 있다. 세룰리 어소시에이츠와 달리 비주얼 캐피털리스트(Visual Capitalist)의 분석에 따르면 베이비부머 세대의 자산 비중은 전체 자산의 53%이며, 사일런트 세대 자산까지 합칠 경우에는 69%이다. 중요한 것은 베이비부머 및 사일런트 세대가 보유하고 있는 부가 수 년에 걸쳐 대물

림될 것이라는 사실이다.

현 미국 재무장관인 재닛 옐런이 2019년 미 연준 의장 재직 시절에 한 발언도 주목된다. 당시 옐런 의장은 미국의 소득불균형이 100년 만에 가장 높은 수준에 근접했으며, 19세기 이래 가장 오랫동안 불균형이 계속 확대되고 있다고 경고했다. 더욱이 "부와 빈곤의 대물림 현상이 심각해 미국의 계층 이동성이 다른 선진국에 견주어 낮다. 이런 상황이 기회의 균등이라는 미국의 전통적 가치와 양립하는지 묻는 게 적절하다"고 꼬집은 바 있다.

고금리와 부의 세습도
부의 불평등 심화 요인

글로벌 금융위기로 한때 휘청였던 미국은 기술혁신, 셰일오일 혁명 그리고 초저금리와 유동성 효과 등으로 다시 패권국 자리를 강화하는 동시에 2010년대 후반부터 자산가격이 다시 급격히 증가했다. 다만, 자산이 일부 계층에만 집중되면서 여러 불협화음, 즉 자국 우선주의 및 극단적인 정치와 사회 양극화 현상이 심화되고 있다.

더욱 큰 문제는 금리가 이전 초저금리 수준으로 복귀하지 못하고 중금리 수준을 유지한다면 부와 소득불균형 현상이 해소되기 힘들다는 것이다. 또한 부를 독차지하고 있는 베이비붐 세대의 은퇴와 이에 따른 부의 세습은 불평등 사회의 심화로 귀결될 것이다. 이는 미국만의 문제가 아니라 전 세계 주요국의 공통된 이슈다. 부의 증식은 어쩔 수 없다고 해도 중금리라는 금리 상승만으로 많은 부채를 소유한 세대의 부채 부담이 커진다는 것은 심각한 경제적·사회적 문제다.

부의 불평등은 자본주의 체제가 가지고 있는 한계라고 인정할 부분이지만 지나친 불평등이 사회 불안 확산과 더불어 성장 잠재력을 약화시킬 수 있다. 부채 급증 그리고 이에 수반한 부의 불평등이 향후 경제에 치명적인 부담으로 작용할 수 있다.

한 번도 경험하지 못한
선진국 초고령사회

전 세계가 경험해보지 못한 고령화 경제 시대를 눈앞에 두고 있다.
고령화는 더 이상 우려가 아닌 현실이다.

전 세계적 인구 고령화 추세는 부의 불평등 및 세대갈등 확대와 함께 글로벌 경제에 여러 부작용을 유발할 수 있는 이슈다. 인구 고령화는 어제오늘 새롭게 부각된 이슈는 아니지만 지금부터 인구 고령화의 본격적 게임이 시작된다고 해도 과언이 아니다.

전체 인구에서 65세 이상이 차지하는 비율이 14% 이상이면 '고령사회(Aged Society)', 20% 이상이면 '초고령사회(Super-aged Society)'로 구분한다. UN 인구 통계에 따르면 2019년 9.1%인 65세 인구 비중(전 세계 인구 대비)은 2030년 11.7%, 2050년 15.9%로 전망되는데, 이를 근거로 2050년에는 전 세계가 고령사회로 진입할 것이라고 추

(총인구 대비 %)

	1990	1995	2000	2010	2013	2018	2020	2023	2025	2030	2035	2040	2050	2060
중국	5.3	6.0	6.9	8.6	9.3	11.5	12.6	14.3	14.9	18.2	22.5	26.2	30.1	35.5
독일	13.5	14.6	15.7	17.7	18.5	20.1	20.7	22.2	22.7	24.8	26.6	26.8	27.1	28.0
일본	12.1	14.6	17.4	23.0	25.1	28.0	28.6	29.6	30.0	31.2	32.8	35.3	37.7	38.1
한국	5.1	5.9	7.2	10.8	11.9	14.3	15.7	18.4	20.6	25.5	30.1	34.4	40.1	43.8
미국	12.5	12.7	12.4	13.1	14.1	16.0	16.5	18.1	18.9	20.6	21.4	21.6	22.0	23.4
OECD	11.1	11.9	12.4	13.6	14.4	15.6	16.3	18.3	19.0	20.2	22.1	23.3	25.0	26.4

출처: OECD, 하이투자증권

정할 수 있다. 그래도 약 20년 이상의 시간이 남은 듯하다. 그러나 고령화가 크게 문제화되고 있는 선진국, 즉 OECD 국가로 대상을 좁혀 살펴본다면 이제 고령화의 문제가 먼 미래의 것이 아닌 당장 눈앞의 현실임을 자각할 수 있다.

OECD 인구 통계에 따르면 OECD 전체 65세 이상의 인구 비중은 2023년 기준 18.3%로 OECD 국가들은 이미 10년 전에 고령사회에 진입했다. 더욱이 앞으로 6년 후인 2030년에는 65세 이상 인구 비중이 20% 이상인 초고령사회로 진입하게 된다.

국가별로 보면 일본은 2010년에, 유럽을 대표하는 독일은 2018년에 이미 초고령사회가 되었다. 일본의 장기불황을 의미하는 '잃어버린 30년'이나 최근 독일이 '유럽의 병자'로 취급받는 이유도 인구 초고령화와 밀접한 관계가 있다. 이민 등의 이유로 상대적으로 인구 고령화 속도가 더딘 미국의 경우에도 이미 2013년에 고령사회의 문턱을 넘어섰다. 그리고 2050년에는 미국도 초고령사회로 탈바꿈하게 될 것이라고 전망한다.

초고령사회 진입, 무엇이 문제일까?

일본은 세계에서 GDP 대비 가장 높은 정부부채를 가지고 있는데 여기에는 초고령사회 진입도 적지 않은 영향을 미쳤다. 2020년 일본 정부의 일반회계예산 내역을 살펴보면 총예산 102조 6,580억 엔 가운데 '사회보장 관계비'가 35조 8,608억 엔(34.9%)에 달한다. 사회보장 관계비의 세부 내역을 살펴보면 이른바 '고령자를 위한 3대 급부 항목'이 상당 부분을 점유하는데 연금급부 12조 5,232억 엔(전년도 대비 3.9% 증가), 의료급부 12조 1,546억 엔(2.5% 증가), 개호(간병)급부 3조 3,838억 엔(5.4% 증가) 등이다. 고령자 3대 급부를 모두 합치면 28조 616억 엔에 달한다.*

일본의 사례에서 볼 수 있듯이 초고령사회의 부작용은 가뜩이나 부채의 늪에서 벗어나지 못하고 있는 주요 선진국의 부채 규모가 줄어들지 못하고 앞으로도 부채 증가 속도가 더욱 빨라지는 결과를 낳을 것이다.

---

* "초고령사회, 일본의 미래가 우리의 미래다"(<시사IN>, 2022년 1월 15일 기사).

또 다른 문제는 일할 사람, 즉 생산가능인구의 기하급수적 감소 현상이다. 한 국가의 성장 잠재력을 얘기할 때 빠지지 않는 생산요소가 인구다. 아무래도 인구 규모도 중요하지만 생산가능인구의 수가 더욱 중요하다. 주요 선진국의 초고령사회 본격 진입은 역으로 생산가능인구도 급격히 줄어든다는 의미이며, 이는 결국 전 세계 경제가 저성장 국면에 진입할 것을 시사한다.

참고로 선진국 중 가장 먼저 초고령사회에 진입한 일본과 뒤를 따른 독일의 생산가능인구 추이를 보면 생산가능인구가 드라마틱하게 줄어들었음이 확인된다. 일본의 경우 1995년 고령사회 진입과 함께 생산가능인구가 빠르게 줄어들더니 초고령사회에 진입한 2010년부터 또다시 생산가능인구 비중 감소 속도가 빨라졌다. 독일 역시 정체되던 생산가능인구 비율이 2018년 초고령사회 진입 시점과 맞물려 감소 속도가 재차 빨라지는 추세다.

일할 사람이 부족해지는 사회가 온다

실제로 초고령사회에 진입하지 않은 미국도 노동 불균형에 이미 시달리고 있다. 팬데믹 영향으로 미국 근로자의 약 1/4을 차지하고 있는 베이비붐 세대의 조기 은퇴와 대규모 자연 은퇴 등으로 노동 불균형이 현실화되고 있다. 노동 불균형 현상이 당장 미국 성장추이

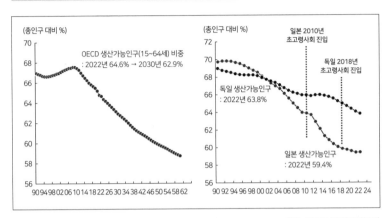

OECD, 일본 및 독일의 생산가능인구 비교

(총인구 대비 %)

OECD 생산가능인구(15~64세) 비중
: 2022년 64.6% → 2030년 62.9%

(총인구 대비 %)

일본 2010년
초고령사회 진입

독일 2018년
초고령사회 진입

독일 생산가능인구
: 2022년 63.8%

일본 생산가능인구
: 2022년 59.4%

출처: OECD, 하이투자증권

에 치명적 영향을 미치지는 않지만 물가에 직접적인 악영향을 주고
있다. 팬데믹을 기점으로 전개되고 있는 고물가 현상에는 다양한 원
인이 있지만 노동 불균형에 따른 임금상승률도 중요한 요인이다. 미
연준도 노동시장의 불균형이 물가압력을 높이고 있음을 강조하고
있다. 결국 미국의 베이비붐 세대 은퇴로 이미 시작된 초고령화 사
이클은 부채와 물가에 커다란 악재 역할을 할 것이다.

이 밖에도 인구 고령화의 부작용으로 예상되는 것은 국가 간, 세
대 간 갈등의 심화다. 전 세계의 저성장 고착화의 의미는 국가 간에
싸움 없이 성장 과실을 가져가지 못한다는 것이다. 줄어든 성장 과
실을 챙기기 위해서는 갈등, 더 나아가 전쟁마저도 불사하게 될 것
이다. 특히, 자국 내에서 발생한 성장 과실을 보호하고 지키려는 의
지가 강해질 것이다. 세계화보다 자국 우선주의 경향이 강화되는 것

이다. 인구 고령화 사이클과 맞물려 작금의 갈등 경제 국면이 장기화되고 격화될 공산이 크다.

고령화는
세대 간 갈등 증폭의 촉매제

세대 간 갈등 증폭도 주목할 만한 부문이다. 갈등의 원인은 단순하다. 청장년층 인구는 줄어들고 고령층 인구는 늘어나면서 청장년층의 부양 부담이 급격히 늘어나기 때문이다. OECD 기준 65세 이상 인구 대비 생산가능인구(15~64세) 비율인 부양비율의 경우 1990년 18.9% 수준이었지만 2022년에는 30%로 급등했고 2037년에는 40%에 달할 전망이다. OECD 부양비율은 그래도 나은 편이다. 일본은 2022년 기준 동 비율이 이미 54% 수준으로 청장년층과 고령층 간 비율 1대 1이 무너졌으며 2037년에는 66% 수준까지 상승할 전망이다. 독일 역시 65세 이상 인구 대비 생산가능인구 비율이 50%를 넘어설 것이라는 추정이다. 시간이 갈수록 사회적 비용부담을 크게 안게 될 젊은층의 불만은 커질 것이 당연하다. 가뜩이나 노년 혹은 고령층에 비해 자산은 적고 부채만 많은 젊은층과 일부를 제외하고 정부에 기대어 살 수밖에 없는 고령층 간 이해 상충은 사회적 갈등 증폭으로 이어질 개연성이 크다.

이와 관련해 해리 덴트의 저서 『부의 대절벽』 중 인구 사이클에

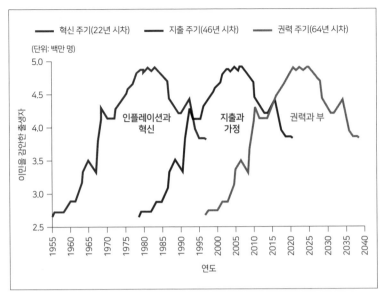

출처: 해리 덴트, 『부의 대절벽』(청림출판, 2017)

관한 인상적인 내용을 소개하고자 한다. 동 저서에서 덴트는 베이비붐 세대가 나이가 들면서 세 가지 영역에서 영향을 줄 것이라고 강조했다.

첫 번째 주기는 태어나서부터 20대까지로, 동 주기를 인플레이션과 혁신 주기로 묘사했다. 1980년 초반까지 이어지던 베이비붐 세대발 하이퍼인플레이션이 정점을 찍은 이후 정보혁명 혁신 주기가 나타났다. 두 번째 주기는 지출과 가정 주기로, 1983~2007년까지 역사상 가장 큰 붐과 버블이 목격된 시기다.

주목되는 마지막 세 번째 주기는 권력과 부의 주기로, 거대한 사회적·정치적 변화가 올 것으로 전망했다. 구체적으로 덴트는 이 단계에서는 버블붕괴와 소득불균형 현상이 발생하고 민간 및 공공기관에 대한 저항도 일어날 것으로 예측했다.

현재 전 세계가 아직 경험하지 못했고 앞으로도 재연되기 어려운 베이비붐 세대의 대규모 은퇴를 동반한 초고령사회로 다가서고 있으며 당초 예상보다도 진입 속도가 빨라지고 있다. 소위 가보지 않은 길을 전 세계가 가고 있어 어떤 일이 벌어질지 예측하기 힘들다. 다만 확실하다고 여겨지는 것은 지금보다 각종 갈등 리스크가 빈발할 여지가 많다는 점이다.

중국 인구절벽 시나리오:
2100년 중국 인구 5억으로 급감

중국 인구 5억 명은 소설 같지만 현실화되고 있는 인구 시나리오다.
중국의 인구절벽 리스크는 중국만의 문제가 아니다.

아주 먼 이야기지만 현재 14억 중국 인구는 2100년에 5억으로 급 감할 것이라는 전망이 나왔다. 중국 인구절벽 시나리오다. 〈월스트리트저널(WSJ)〉의 중국 인구절벽 시나리오는 출산율 하락에 기초하고 있다.

2010~2017년 중국의 연평균 출산율은 약 1.7명 수준이었지만 2018년 이후 출산율이 급격히 하락해 2021년에는 1.16명으로 떨어졌다. 이에 따라 2012년 1,635만 명이었던 중국의 신생아 수가 2023년에는 900만 명 아래로 떨어질 것으로 예측되고 있어 장기적으로 인구절벽 시나리오를 피하기 어렵다는 설명이다. 2100년 중국

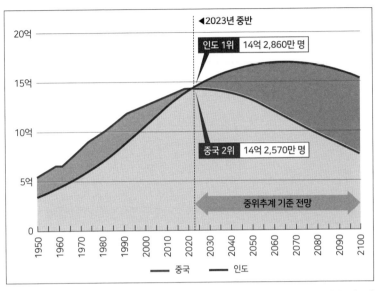

중국의 저출산율이 중국과 인도 간 인구 역전 현상으로 나타남

◀2023년 중반

인도 1위 14억 2,860만 명

중국 2위 14억 2,570만 명

중위추계 기준 전망

— 중국   — 인도

출처: 연합뉴스, 하이투자증권

인구 5억 시나리오는 아직 70년 이상 남아있어 실감이 되지 않지만 잇따른 중국 인구 관련 뉴스는 중국이 심각한 인구절벽에 이미 직면했음을 보여주고 있다.

우선 2023년 기점으로 중국은 전 세계 인구 1위 자리를 인도에 내주었다. UN 인구 추계에 따르면 2023년 인도의 인구는 14억 2,860만 명으로 중국보다 300만 명 많을 것으로 전망되었다. 인도의 높은 출생률로 인도 인구가 급격히 증가한 측면도 있지만 중국 인구가 감소하기 시작한 영향도 크다.

중국 인구가
2년 연속 감소

중국 인구는 2022년 61년 만에 처음 감소한 이후 2년 연속 감소했다. 61년 전인 1960~1961년 대약진운동 기간 중 인구가 감소한 바 있었지만 당시 인구 감소는 대기근에 따른 아사자가 급증했기 때문이었다. 소득이 증가하는 현재는 여타 선진국과 유사하게 주택가격 상승과 자녀 양육비 급증 그리고 자녀보다 자기를 중요시하는 사회적 분위기 등으로 청년들의 결혼과 출산 의지가 꺾이면서 인구가 감소하고 있다.

중국 신생아 수는 2016년 1,786만 명을 정점으로 급격히 감소하고 있는데 감소 속도가 예상보다 빨라지고 있다. 당초 2024~2025년경 신생아 수가 1,000만 명 밑으로 떨어질 것으로 전망되었지만 지난 2022년 신생아 수는 이미 956만 명을 기록했다. 중국의 인구절벽 시나리오 시간이 갈수록 단축되는 분위기다. 65세 인구 비중이 14% 이상인 고령사회에 최근 진입한 중국은 향후 10년 내 동 비율이 20% 이상인 초고령사회로의 진입 역시 기정사실화되었다.

중국의 인구절벽 시나리오를 걱정하는 이유는 중국 인구절벽의 나비효과 때문이다. 저임금 대규모 생산가능인구를 바탕으로 글로벌 공장 역할을 하던 중국의 위상 추락은 불가피하다. 인도가 중국을 대체할 가능성이 제기되지만 인도가 과연 중국만큼 세계 제조업 공장 역할을 담당할 수 있을지는 아직 고개가 갸우뚱해진다.

중국 인구 사이클은
중장기 측면에서 글로벌 경제에 악재

따라서 중국이 점점 더 고령화될수록 공장 등에서 일하는 고학력 혹은 숙련인력 부족 사태가 인건비 상승을 통해 순차적으로 전 세계 소비자의 중국산 수입제품 가격 상승으로 나타날 것이다. 특히, 중국산 제품에 대한 의존도가 큰 국가에는 물가 급등 요소로 작용할 수 있다. 물가 측면뿐만 아니라 성장 측면에서도 중국의 가파른 인구절벽은 악재다. 향후 중국 저성장세 여파가 중국에만 그치는 것이 아니라 전 세계 경제의 성장 모멘텀 둔화로 이어질 것은 당연하다.

세계교역/GDP 비율

출처: 산업연구원, 제2차 세계화의 종언과 한국 경제 참조

중국 고령화는 단순히 중국만의 문제가 아니다. 중국 성장 둔화의 나비효과와 함께 미-중 갈등 장기화가 글로벌 공급망의 와해로 직결된다면 글로벌 경제는 저성장과 물가압력 확대라는 이중고에 시달리게 될 것이다. 참고로 그동안 세계화로 지칭되는 미국과 중국 중심의 고도화는 글로벌 교역의 지속적 상승을 유발하는 데 큰 공헌을 해왔다. 이를 고려할 때 미-중 갈등 장기화와 중국 고령화는 글로벌 교역 사이클의 정체 혹은 더딘 성장으로 나타날 위험성이 높다.

새로운 세대인
잘파세대의 등장

더 이상 MZ가 차세대를 대변하지 않는다.
이제는 잘파세대가 등장하면서 또 다른 차원의 세대 문화가 시작되고 있다.

쌍둥이도 세대갈등을 느낀다는 우스갯소리가 있지만 MZ세대도 M세대와 Z세대로 갈리는 분위기다. 세대갈등이 젊은층과 노년층만의 문제가 아니라 젊은층 내에서도 커지는 양상이다. M세대와 Z세대 간 갈등의 빌미는 어찌 보면 이전에는 생각하지 못한 문제에서 시작되는 것으로 보인다. 근무시간, 근무형태, 노동강도, 협업과 동기부여 등 업무 관련 사항이 거론되지만 보다 근본적인 이유는 M세대가 기성세대로 진입하고 있다는 것이 가장 큰 이유가 아닌가 싶다. M세대는 1980~1995년 전후 출생한 세대를 의미하는데 이들 계층의 나이가 이제 30~40대 초반에 이르게 되었다. 사회와 직장의 엄연한 중추 세력이자 한 가정을 책임지는 나이가 된 것이다. 따라서 Z세대 입장에서 M세대는 기성세대이며, 일부 Z세대는 M세대를 젊은 꼰대로도 바라보기 시작한 것이다.

MZ세대 간 갈등에는 단순한 나이를 떠나 성장과정의 환경적 측면도 크게 작용하고 있다. 무엇보다 디지털 환경 측면에서 M세대와 Z세대는 큰 차이를 보이고 있으며 이러한 환경 차이가 또 다른 세대 갈등의 원인으로 작용하는 것이 아닌가 싶다.

1990년대 중반 이후 출생한
잘파세대의 등장

최근에는 MZ세대의 다음 세대라 할 수 있는 잘파세대(Zalpha Generation)가 부상하면서 주목을 받고 있다. 잘파세대란 MZ세대 중 Z세대와 M세대의 자녀인 α(알파)세대를 통칭하는 신조어로, 주로 1990년대 중반 이후 출생한 인구집단을 의미한다. 2023년 기준으로 Z세대는 중학생에서 사회초년생(연령 13세~26세), α세대는 12세 이하의 유아와 초등학생이다.*

잘파세대가 전 세계 인구에서 차지하는 비중은 47%로 절대적 수준이며 α세대는 전 세계적으로 매주 280만 명씩 출생하고 있어

---

* 하나금융경영연구소, '잘파세대의 부상', 2023년 9월.

2025년에는 잘파세대 인구가 22억 명으로 전 세계 인구의 1/4에 달해 베이비붐 세대의 규모를 넘어설 것으로 예상된다. 주요 선진국이 베이비붐 세대를 중심으로 한 고령화에 직면해 있지만 한편으로는 새로운 세대가 부상하고 있다.

Z세대와 α세대를 아우르는 잘파세대의 부상을 주목한 것은 앞서 잠시 지적했듯이 성장단계 환경이 기존 세대와 크게 차별화된다는 점이다. 단적으로 잘파세대는 기존 세대와는 달리 디지털·모바일 네이티브인 동시에 새롭게 세상을 열어줄 것으로 기대되는 AI 및 챗봇 네이티브를 겸비할 가능성이 큰 세대다.

잘파세대는
디지털 완전체 세대

베이비붐 세대 및 X세대가 아날로그 세대였고 M세대는 아날로그와 디지털의 과도기 세대였지만 잘파세대는 출생부터 디지털 환경에 익숙한 진정한 의미의 디지털 세대다. 이들 잘파세대가 앞으로 이끌어갈 사회와 문화의 색깔은 이전 세대와는 확연히 구분될 것이며 경제의 패러다임을 급격히 변화시키는 힘으로 작용할 것이다. BofA(뱅크오브아메리카)는 Z세대가 경제, 사회시스템 등 모든 면에서 역사상 가장 파괴적인 세대가 될 것이며 2031년에는 M세대의 소득을 넘어설 것이라고 주장했다. 2030년 전 세계 Z세대의 소득은 33조 달

세대별 출생 구분 및 디지털 환경 특징

출생연도	세대 명칭		세대 특성
2010~2024년	α세대	디지털 온리 AI 및 챗봇 네이티브	기저귀를 차고 있을 때부터 유튜브를 시청하며 오프라인 경험을 특별하다고 인지함 3~4살 때부터 AI챗봇과 친구처럼 성장
1995~2009년	Z세대	디지털 네이티브 모바일 네이티브	유치원생 때부터 스마트폰을 접하며 디지털 디바이스를 특정 언어의 원주민처럼 활용
1980~1994년	M세대	디지털 이민자	청소년기부터 스마트폰 등의 IT 기기를 사용함
1965~1979년	X세대	아날로그	아날로그 환경에서 성장한 이후 디지털 환경을 학습함
1946~1964년	베이비붐 세대	아날로그(텔레비전)	인생의 절반을 넘긴 이후 카카오톡과 유튜브를 통해 디지털 환경을 익히는 중

출처: 하나금융경영연구소

러 수준으로 2020년 대비 5배 이상 증가해 전 세계 개인소득의 25%에 이를 것으로 예상된다. 여기에 더해 베이비부머의 부의 세습에 따라 Z세대의 경제력은 더욱 배가될 공산이 크다. 더욱이 디지털 1세대인 Z세대는 2025년 전 세계 노동력의 약 27%를 차지할 것이다.

정치 지도자들도 젊어지는 추세다. 미국, 중국, 러시아 등 일부 국가에서 고령의 스트롱맨들이 지도자 역할을 하고 있지만 전 세계적으로 정치 지도자의 나이가 낮아지는 추세다. OECD 선진국 최고 지도자의 평균 나이는 현재 55.5세로 50년 전(60.2세)에 비해 5세 가까이 낮아졌다. 그리고 일부 국가에서 젊은 최고 지도자 및 장관도 눈에 띄게 늘어나고 있다.

디지털 세대 혹은 AI 세대인 이들 잘파세대(Z세대와 α세대)의 변화
가 예고되고 있다. 변화는 불가피하게 기존 세대와의 갈등을 촉발시
킬 것이다. 그러나 떠오르는 해를 지는 해가 막을 수 없다. 과거보다
소득불균형 및 디지털 환경이 세대갈등을 심화시키겠지만 한편으로
디지털 세대의 변화 혹은 혁명도 가시권에 들어왔다.

◦ 왜 피크 코리아를 걱정해야 할까?

◦ 글로벌 공급망 재편에 따른 한국 경제의 득과 실

◦ 신(新)넛크래커 상황은 곧 피크 코리아 리스크

◦ K-부채 리스크, 빚 청구서가 날아오고 있다

◦ 인구 사이클과 피크 코리아①: 신생아 절벽 현상

◦ 인구 사이클과 피크 코리아②: 압도적 속도인 한국의 고령화 속도

◦ 해외로 돈이 나간다: 낮아진 국내 투자 매력도

◦ 사회적 갈등 심화도 성장 잠재력을 깎아먹는다

◦ 피크 코리아, 회피할 문제가 아니다

C O N F L I C T I N G

갈등 경제 속
피크 코리아
리스크

한강의 기적으로 상징되던 한국 경제가 어느 순간 피크 코리아를 걱정해야 하는 상황에 직면했다. 〈파이낸셜타임스(Financial Times)〉에서도 '한국 경제의 기적이 끝났는가'라는 기사가 보도될 정도로 한국 경제가 중요한 갈림길에 들어섰다. 현재 한국 경제 앞에 놓인 각종 피크 코리아 리스크를 해소하지 못한다면 '잃어버린 30년'이라는 고통의 길을 걸어온 일본 경제의 사례를 한국 경제가 답습할 위험이 크다. 단순히 글로벌 경제 환경 악화가 아닌 한국 경제와 사회가 안고 있는 구조적 문제를 하루빨리 해결해야 할 시기다.

- 피크 코리아를 너무 앞서간 걱정으로 평가절하할 수도 있지만 한국 경제를 둘러싼 환경은 경각심을 높이기에 충분하다.

- "안보는 미국, 경제는 중국"으로 통칭되는 '안미경중'이라는 틀이 깨지고 있다. 글로벌 공급망 재편이 한국에 미치는 효과는 긍정과 부정 효과가 혼재되어 있다.

- 현 한국 경제 상황을 설명하는 '신넛크래커'는 광범위한 패러다임 전환에서 한국 경제가 처해 있는 애매한 상황을 대변한다.

- 피크 코리아 리스크 중심에는 심각한 부채 리스크가 있다. 부채가 그동안 성장의 동력이었지만 이제는 성장의 장애물이 될 공산이 커졌다.

- 세계에서 가장 낮은 출산율에 대한 효과적인 정책 대응이 없는 경우 2070년경 총인구가 4천만 명을 밑돌 것이다.

- 한국을 상징하는 '빨리빨리' 문화가 고령화 사이클에도 어김없이 나타난다. 2046년경 한국의 고령인구 비율은 일본마저 앞서게 된다.

왜 피크 코리아를
걱정해야 할까?

피크 코리아를 너무 앞서간 걱정으로 평가절하할 수도 있지만
한국 경제를 둘러싼 환경은 경각심을 높이기에 충분하다.

피크 재팬, 피크 차이나에 이어 피크 코리아를 우려하는 시각이 커지고 있다. 이른 감도 있지만 분명 피크 코리아 리스크에 대한 고민을 해볼 시점이 다가왔다.

피크 코리아 시그널은 일단 성장률에서 확인되고 있다. 2023년 한국 GDP성장률은 1.4%였다. 단순히 1%대 성장률이 문제가 아니라 성장 잠재력이 약화되면서 1% 혹은 2% 초반대 저성장 추세가 고착될 가능성이 커지고 있다. 공교롭게도 한국 성장률은 코로나19 팬데믹을 기점으로 중요한 전환점을 맞이했다. 이는 주요국과의 성장률 비교를 통해 확인된다. 2011~2019년 한국의 연평균 성장률은

코로나19를 전후로 한 한국과 주요국 연평균 GDP 성장률 비교(단위: %)				
	한국	일본	미국	중국
2011~2019년 연평균	2.9	0.9	2.4	7.3
2021~2023년 연평균	2.8	1.8	3.4	5.3
팬데믹 충격 포함시 2020~2023년 연평균	1.9	0.3	2.0	4.7

출처: Bloomberg, CEIC, 하이투자증권

2.9%였으나 팬데믹 이후 2021~2023년 연평균 성장률은 2.8%로 낮아졌다.

반면 미국과 일본의 GDP 성장률은 비교 기간 오히려 높아졌다. 미국의 경우 2011~2019년과 2021~2023년 연평균 성장률은 각각 2.4%와 3.4%였다. 저성장의 대명사인 일본의 경우에도 동 기간 연평균 성장률은 각각 0.9%와 1.8%를 기록했다. 특히, 2023년 GDP 성장률의 경우 일본이 한국을 앞지를 전망이다. IMF 충격이 이어졌던 1998년 이후 처음이다.

한국 경제 전망, 낙관론보다 비관론이 우세

팬데믹 전후로 한국의 성장률도 우려되지만 앞으로의 전망은 더욱 암울하다. 국회예산정책처(NABO)의 중장기 성장률 전망치를 보

한국 및 주요국 1인당 잠재성장률 (단위: %)				
	한국	일본	미국	독일
2000~2007년 연평균	3.8	0.5	1.5	1.2
2007~2020년 연평균	2.8	0.7	0.7	1.1
2020~2030년 연평균	1.9	1.0	0.8	0.8
2030~2060년 연평균	1.1	1.1	0.9	0.9

출처: OECD, 세계일보(2024년 1월 15일 기사 참조), 하이투자증권

면 2024~2032년 연평균 성장률은 2.2%이지만 이 전망치를 낙관하기 어렵다. 성장률 수준이 동 전망치를 밑돌 여지가 커 보인다. 이러한 우려스러운 전망이 우려에 그치지 않을 것임을 보여주는 것이 잠재성장률의 추락이다.

불과 20년 전만 해도 4% 수준을 넘었던 국내 잠재성장률의 0%대 하락이 점점 현실화되고 있다. 여타 주요국과의 잠재성장률과 비교해보면 한국의 잠재성장률 하락세가 얼마나 드라마틱한지를 쉽게 확인해볼 수 있다. 독일의 잠재성장률은 횡보 흐름을 보이고 있고, 미국과 일본의 잠재성장률은 오히려 높아질 것으로 전망되고 있기 때문이다.

경제의 지속적 발전과 함께 경제 규모가 커지면 자연스럽게 잠재성장률 둔화를 피하기 어렵다. 나이가 들수록 경제활동이 둔화되는 것과 같은 이치지만 피크 코리아가 너무 조기에 오는 듯하다는 느낌은 지울 수 없다.

피크 코리아 리스크가
조기에 다가오는 이유는 무엇일까?

단순하게 설명하면 한국 경제는 전 세계의 갈등 리스크 영향을 모두 받고 있을 뿐만 아니라 대내 구조적 리스크 역시 동시에 불거지고 있기 때문이다. 한국은 수출주도형 경제구조를 가지고 있어 글로벌 경제환경 변화에 민감하다. 글로벌 경제환경이 양호하다면 국내 경제는 역동경제의 모습을 보이지만 글로벌 경제환경이 악화되면 역동성을 상실하거나 위기에 노출되는 구조다.

앞서 글로벌 경제를 둘러싼 각종 갈등 리스크에서 보듯 글로벌 경제환경은 한국 경제에 긍정적이지 않다. 특히 팬데믹을 전후로 한

피크 코리아 가능성을 높여주는 대내외 요인

피크 코리아 리스크

→ 신냉전 시대 본격화

→ 미-중 패권 전쟁과 공급망 재편 리스크

→ 2차 차이나 쇼크 : 중국 산업경쟁력 강화

→ 국내 구조적 리스크
　1) 부채 리스크
　2) 각종 사회적 갈등 및 세대 간 갈등 리스크
　3) 고령화 리스크

출처: 하이투자증권

글로벌 정치, 사회, 경제 패러다임 변화는 한국 경제에 약보다 독으로 작용할 여지가 크다.

신냉전, 미-중 패권경쟁, 자국 우선주의 강화 추세는 글로벌 교역 사이클의 둔화로 이어져 국내 경제 역동성의 원천인 수출 사이클에 충격을 주고 있다. 예상보다 일찍 다가온 피크 차이나도 한국 경제에는 달갑지 않은 시그널이다. 싫든 좋든 중국 경제와 국내 경제는 산업적으로 얽혀 있다. 국내 수출과 산업의 중국 의존도를 빠르게 줄이지 않는 한 피크 차이나 현상이 피크 코리아 시기를 앞당기는 역할을 할 것이다.

대외 불확실성뿐만 아니라 대내 리스크도 해결하기 만만치 않다. 줄어들지 않은 가계부채와 함께 점증하는 정부부채 등 부채 리스크는 한국 잠재성장률 둔화와 위기 노출도를 높이는 잠재적 위험이다. 과거 일본 고령화 속도에 버금가는 한국 고령화 사이클 그리고 전세계 1위로 꼽히고 있는 국내 각종 갈등 리스크도 피크 코리아 조기 가시화에 일조할 공산이 크다.

글로벌 공급망 재편에 따른
한국 경제의 득과 실

"안보는 미국, 경제는 중국"으로 통칭되는 '안미경중'이라는 틀이 깨지고 있다.
글로벌 공급망 재편이 한국에 미치는 효과는 긍정과 부정 효과가 혼재되어 있다.

2023년 12월 한국의 대미 수출액은 112.9억 달러, 대중 수출액은 108.7억 달러로 20년 6개월 만에 대미 수출액이 대중 수출액을 앞질렀다. 그리고 2023년 연간 기준 대중 무역수지는 180억 달러의 적자를, 대미 무역수지는 445억 달러의 흑자를 기록했다. 대중 무역수지가 적자를 기록한 것은 1992년 한-중 수교 이후 처음이다.

"안보는 미국, 경제는 중국"으로 통칭되는 '안미경중'이라는 기존 틀이 깨진 것이다. 물론 한 해의 수출입 실적만을 가지고 얘기하는 것은 다소 성급한 측면이 있지만 팬데믹과 미-중 패권전쟁 심화 속에서 한국 경제 및 산업 패러다임이 흔들리고 있는 동시에 급격히 변화되고 있음을 부인하기 어렵다. 중요한 것은 이러한 글로벌 패러다임 변화에 국내 경제와 산업이 제대로 대응하지 못할 경우 피크 코리아는 우려가 아닌 현실임을 피하기 힘들다는 점이다.

2018년 미-중 갈등 본격화와 2020팬데믹 충격은 글로벌 공급망 재편의 중요한 이벤트이자 분수령으로 작용했다. 글로벌 분업화를 기반으로 한 세계화 추세는 단절을 의미하는 경제 블록화 현상을 강화시키면서 광범위했던 글로벌 공급망 체계가 협의의 블록화 내지 국내(Domestic) 공급망으로 변화되었다. 공급망 패러다임 변화의 충격은 글로벌 교역 성장세 둔화로 이어졌고 한국 역시 그 충격의 가장 큰 피해국이 되었다.

2018년 이후 글로벌 교역증가율은 눈에 띄게 둔화되었다. 2001~2017년 연평균 3.7%였던 교역증가율은 2018~2023년에는 1.8%인 절반 수준으로 둔화되었고 같은 기간 한국의 수출증가율은 더욱 가파른 둔화 추세를 기록했다. 2001~2017년 연평균 8.1%였던 국내 수출증가율은 2018~2023년에는 2.3%에 그쳤다.

중국이 한국 수출 부동의
1위 국가는 아니다

더욱이 한국의 대중 및 대미 수출증가율은 극적인 변화를 보였다. 2001~2017년 기간 중 한국의 대중국 연평균 수출증가율은 13.9%

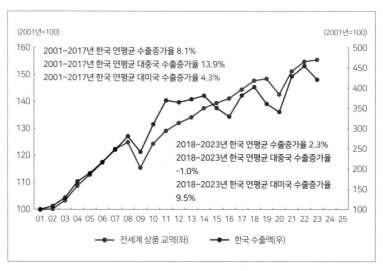

미-중 갈등과 팬데믹이 국내 수출 패러다임을 급격히 변화시킴

(2001년=100)

2001~2017년 한국 연평균 수출증가율 8.1%
2001~2017년 한국 연평균 대중국 수출증가율 13.9%
2001~2017년 한국 연평균 대미국 수출증가율 4.3%

2018~2023년 한국 연평균 수출증가율 2.3%
2018~2023년 한국 연평균 대중국 수출증가율 -1.0%
2018~2023년 한국 연평균 대미국 수출증가율 9.5%

전세계 상품 교역(좌) ──●── 한국 수출액(우)

출처: Bloomberg, CEIC, 하이투자증권

로 전체 연평균 증가율을 크게 상회했지만 2018~2023년에는 -1%
의 역성장으로 전환했다. 반면 2001~2017년 대미 연평균 수출증가
율은 4.3%에 불과했지만 2018~2023년에는 9.5%로 사실상 국내 수
출을 주도했다.

국내 수출 사이클은 글로벌 경기와 산업 사이클의 거울과도 같다.
그만큼 글로벌 경기 변화를 잘 반영하고 있다. 앞서 언급한 것처럼
미-중 갈등 본격화와 팬데믹 충격으로 글로벌 교역은 국내 수출 패
러다임의 급격한 변화의 계기가 되었다.

공급망 재편 속에서 한국이 받는 수혜는 당장 미국의 성장 및 정
책 모멘텀이다. 대미 수출이 국내 수출을 견인하는 동시에 수출경기

방어막 역할을 하게 되었다. 무엇보다 대미 무역수지 흑자 규모가 큰 폭으로 증가한 것은 고무적이다. 2023년 기준 대미 무역수지 규모는 2018년 대비 3배 가까이 증가했다. 기술혁신 사이클을 중심으로 한 미국 경제의 강한 성상 모멘텀과 더불어 리쇼어링 및 프렌드쇼어링의 효과를 통해 국내 일부 산업도 수혜를 보고 있다. 향후 미국 주도의 공급망 재편이 주로 반도체 및 이차전지 등을 중심으로 이루어질 것으로 보여 한국의 대미 수출은 미국발 낙수효과를 누릴 것으로 예상된다.

그러나 공급망 재편은 국내 산업에는 새옹지마와 같은 효과를 주고 있다. 미국발 낙수효과는 기대되지만 공급망 재편에 따른 글로벌 교역 사이클 변화가 국내 경제와 산업에는 긍정적 효과보다 부정적 효과를 끼칠 여지가 있다. 특히, 동 현상이 장기적으로 고착화된다면 피크 코리아 리스크를 높이는 압력으로 작용할 것은 분명하다.

한국 경제의 중국 쇼크는
단순히 공급망 재편 때문만은 아니다

글로벌 공급망 재편 충격에 국내 경제와 산업이 유독 큰 충격을 받는 듯한 이유는 일단 한국의 높은 대중국 의존도 때문이다. 2023년 기준으로 한국 전체 수출에 중국이 차지하는 비중이 20% 아래로 떨어졌지만 한때 중국 경제가 호황을 기록할 당시에는 20% 후반대를 기록했다. 홍콩 수출까지 합산할 경우에는 35% 수준을 기록한 적도 있다. 이처럼 높은 중국 의존도 수출구조가 공급망 재편 과정에서는 역으로 리스크로 작용하고 있다.

특히 한-중 간 교역은 그동안 강력한 분업구조를 통해 동반 성장해왔다. 한국이 중국에 중간재와 자본재를 수출하면 중국이 이를 가공하여 최종재를 미국 등 최종수요자에 판매하는 수직적 분업구조를 유지해왔지만 이러한 분업구조가 더 이상 유지되기 어려워졌다. 무엇보다 한국의 전략 수출품목인 반도체의 경우 미국의 대중국 각종 기술 관련 규제 강화 유탄이 한국의 대중 반도체 수출에 악영향을 미쳤다. 더욱이 미국 공급망 재편에 반도체 등 첨단산업이 핵심인 점을 고려하면 한국의 대중 반도체 수출이 이전과 같은 호황사이클을 누리기 쉽지 않다.

공급망 재편과 함께 중국 산업의 발전도 또 다른 측면의 공급망 재편 충격이다. 중국 산업의 발전으로 한국 전체 중간재 및 자본재에서 중국이 차지하는 비중은 지속적으로 줄어드는 추세다. 한국 전체 자본재 수출에서 중국의 비중이 2018년 25.9%로 정점을 보인 이후 2023년에는 절반 이하인 12.8%로 급감했다. 반면에 한국이 수입하는 중간재와 자본재에서 중국의 비중은 역으로 가파르게 상승하고 있다. 중간재와 자본재의 중국 비중이 모두 30% 수준을 차지하는 것이다.

이에 따라 한국의 대중국 중간재 품목의 무역수지 흑자 규모가 급감했고 자본재 무역수지는 적자폭이 확대되고 있다. 중국이 한국 중간재와 자본재의 중요한 수입원 역할을 하기가 갈수록 힘들어질 것이며 자칫하면 중간재와 자본재 부문에서 오히려 한국이 중국에 의존하는 분업구조 역전 현상이 나타날 여지도 있다. 이는 궁극적으로 한국 관련 산업에는 막대한 피해로 다가올 수 있다. 한국 중간재와 자본재 산업 전체는 아니지만 일부 업종이 침몰(Sunk)하면서 피크 코리아 리스크를 압박할 개연성이 커졌다.

신(新)넛크래커 상황은
곧 피크 코리아 리스크

현 한국 경제 상황을 설명하는 '신넛크래커'는
광범위한 패러다임 전환에서 한국 경제가 처해 있는 애매한 상황을 대변한다.

한국 경제와 관련해 상황이 불리할 때 늘 따라다니는 수식어는 샌드위치 경제 혹은 넛크래커* 경제였다. 작금의 한국 경제와 산업은 신넛크래커 국면에 재차 직면했다. 공급망 재편, 중국의 기술 발전 그리고 일본의 부활 혹은 미-일 밀월관계로 한국 경제가 신넛크래커 국면에 빠진 것이다.

이전 넛크래커와 신넛크래커 국면 간 가장 두드러진 차이점은 단

---

* 넛크래커(Nutcraker): 중국과 일본 사이에 끼여 힘을 발휘하지 못하는 한국 상황을 일컫는 말로 사용됨.

순히 한국과 중국, 한국과 일본 간 관계가 아닌 미국을 포함한 광범위한 패러다임 전환에서 한국 경제가 애매한 위치를 차지하고 있다는 점이다. 미국의 공급망 재편 효과로 한국이 수혜를 받는 부문이 있지만 중국 경제의 급격한 둔화는 당장 한국 경제와 산업에 악영향을 미치고 있다. 더욱이 한-중 간 기술 격차는 시간이 갈수록 좁혀지고 있고 그동안 소외받았던 일본 경제와 산업은 공급망 재편의 중심축 가운데 하나로 부상하고 있다. 어찌 보면 한국보다 일본이 현 공급망 재편 수혜를 상대적으로 더 받고 있다는 생각이다.

여기에 미-일 간 정치, 외교 및 군사 밀월관계 강화도 큰 기여를 하고 있다. 일본은행의 초완화적 통화정책에 따른 '슈퍼 엔저'현상을 미국이 묵인하고 있는 것이 대표적이다.

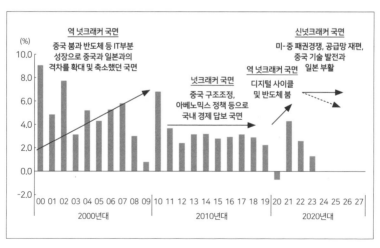

한국 GDP 성장률 추이와 신(新)넛크래커

출처: Bloomberg, CEIC, 하이투자증권

한국 주가 추이가
신넛크래커 상황을 대변하다

이러한 신넛크래커 상황을 고스란히 반영하는 현상이 한국, 중국과 일본의 주가 추이다. 일본 니케이 225지수는 1990년 이후 35년 만에 최고치를 경신했다. 일본은행의 초완화적 통화정책 지속에 따른 슈퍼 엔저는 일본 증시 랠리의 큰 원동력이지만, 이보다는 글로벌 공급망 재편 과정에서의 입지와 역할 강화에 따른 일본 경제의 위상이 높아진 것으로 보는 것이 타당하다. 동북아 경제권 내에서 일본은 수혜 국가로, 중국은 피해 국가로, 그리고 한국은 신넛크래

한국이 신(新)넛크래커에 빠지고 있음을 보여주는 국내 주가

출처: Bloomberg, 하이투자증권

커 상황에 있는 것이다.

한국 경제가 신넛크래커 국면에서 벗어날 수 있을지 아니면 현 국면이 장기화될지는 미지수다. 분명한 것은 신넛크래커 탈출이 쉽지 않다는 점이다. 중국은 미국의 강한 기술 견제를 받고 있지만 자체적으로 첨단기술을 육성·발전시키고 있다. 시간이 흘러가면 한국과 중국 간 기술 격차가 가시적으로 축소될 것이다.

탄력을 받은 일본 경제는 미국과의 밀월관계를 유지하면서 디플레이션 탈출과 함께 성장 모멘텀을 유지할 가능성이 커지고 있다. 이 상황에서 강력한 산업정책과 투자 확대를 통한 기술혁신을 선도하지 않으면 한국 경제의 신넛크래커 장기화로 인해 피크 코리아 리스크도 빠르게 수면 위로 떠오르게 될 것이다.

K-부채 리스크,
빚 청구서가 날아오고 있다

피크 코리아 리스크 중심에는 심각한 부채 리스크가 있다.
부채가 그동안 성장의 동력이었지만 이제는 성장의 장애물이 될 공산이 커졌다.

고부채 리스크도 피크 코리아의 두려움을 키우는 중요한 요소다. 그동안 한국 경제는 가계부채 급증에 따른 부채 위험 경고를 나름 잘 극복해왔다. 그러나 한계도 점점 더 명확해지고 있다. 한국 부채, 소위 K-부채 리스크 역시 팬데믹이 또 다른 분수령이 되었다는 생각이다.

K-부채의 역사를 보더라도 한국 가계부채 급증에는 위기 사이클이 늘 함께했다. 신용카드 사태(2002~2003년), 저성장 압력 돌파를 위한 가계대출 규제완화(2014~2017년) 그리고 팬데믹 위기(2020~2021년)가 대표적이다. 경제위기의 돌파구로 부채가 동원되었던 것이다. 이

러한 부채 부양은 일부 부작용에도 불구하고 나름 성과를 얻었다. 무엇보다 신용위기와 성장 위기를 극복하는 데 큰 역할을 했다.

그러나 부채 부양 정책의 조력자가 있었음을 상기해야 한다. 저금리와 수출 모멘텀 그리고 부동산 경기가 국내 경기의 중요한 조력자 역할을 해왔다.

2002~2003년 신용카드 사태 전후 기준금리는 2%p 인하되었고, 2010년대 중반부터 중국 붐을 타고 국내 수출경기가 호황을 맞이했다. 2014~2017년 중국발 저성장 리스크로 국내 증시가 박스피라는 오명을 안았던 동 시기에 기준금리는 3.25%에서 1.25%까지 인하되었다. 팬데믹 당시를 제외하면 한국 역사상 금리가 가장 낮았던 시

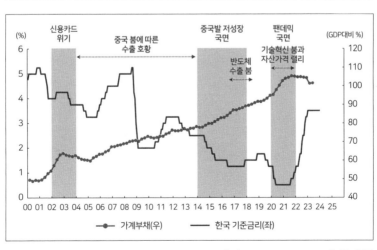

K-부채 사이클의 명암

출처: BIS, Bloomberg, CEIC, 하이투자증권

기다. 저금리에 따른 부동산 호황은 가계부채 수준을 또다시 상승시켰지만 2016년부터 시작된 4차 산업혁명 붐에 따른 반도체 초호황이 부채 리스크를 다시 진정시킬 수 있었다.

팬데믹으로 K-부채 리스크가
증폭되었다

2000년 이후 3차 가계부채 급증 국면은 팬데믹 국면이다. 전 세계적인 초저금리, 막대한 유동성 공급에 따른 모든 자산가격의 동반 랠리, 즉 에브리씽 랠리는 또 다른 영끌 투자를 폭발적으로 견인하면서 국내 가계부채가 마침내 GDP 대비 100%를 상회했다. K-부채의 새역사가 열린 것이다. 다행스러운 것은 K-부채 급증에도 불구하고 전 세계적인 기술혁신 사이클 붐이 반도체 등 국내 수출 호황으로 이어지면서 부채 위험은 다시 한번 수면 아래로 가라앉게 되는 역사가 반복되었다.

부채를 좋은 부채와 나쁜 부채로 구분하기는 어렵지만 2000년 이후 K-부채 사이클은 수출경기와 부동산 가격이 운 좋게 맞으면서 사후적 평가지만 좋은 부채 역할을 해왔다는 평가도 가능하다.

그러나 K-부채 사이클이 한계를 맞이하고 있고 과거와 달리 경제와 부동산 등 자산가격이 더 이상 조력자 역할보다 악재 역할을 할 가능성이 커지고 있다. K-부채 사이클의 좋은 측면은 사라지고 나

뻔 부채 리스크가 부각되는 현실은 피크 코리아 리스크마저도 덩달아 부각시키고 있다.

중국 부채 리스크를 언급할 때 부채 자전거를 언급한 바 있다. K-부채 자전거도 그동안 곳곳의 돌부리 위험을 잘 피해오면서 달려왔지만 너무 커다란 돌부리에 직면한 상황이다. K-부채 자전거가 넘어질 경우 다시 달리기까지 상당한 시간이 소요될 위험이 있다. K-부채, 구체적으로 K-가계부채에 대한 값비싼 청구서가 날아오기 시작했기 때문이다.

K-부채 청구서가
날아오고 있다

K-가계부채의 청구서를 우려하는 첫 번째 이유는 가계부채 규모다. 한국 가계부채 순위가 빠르게 상승중이다. 2010년 주요 43개국중 14번째로 높은 수준이었던 K-가계부채 순위는 2020년에는 7번째 그리고 2022년 4분기 기준으로는 GDP 대비 105.5%로 스위스(128.3%), 호주(111.8%)에 이어 세 번째로 높은 수준에 이르렀다.

K-가계부채 규모의 심각성은 국제통계에 집계되지 않은 전세보증금을 합칠 경우 2022년 4분기 기준 2,925.3조 원으로 GDP 대비 135.5%임이 잘 보여주고 있다. K-가계부채 규모가 사실상 전 세계 주요국 중 1위다. 전세보증금을 부채로 볼 것인지에 대한 논란은 있

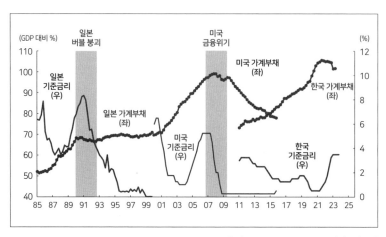

미국 및 일본 가계부채 위기 때보다 높은 한국 가계부채 수준

출처: BIS, Bloomberg, CEIC, 하이투자증권

지만 최근 전세보증금 사기와 분쟁이 급증하고 있는 양상을 보면 전세보증금이 가계의 부채로 돌변할 수 있는 잠재적 성격을 보유하고 있다.

K-가계부채의 또 다른 위험은 물가와 금리의 패러다임 변화에서도 감지된다. 저금리는 부채상환 부담, 정확하게는 이자 상환부담을 낮게 해줌으로써 부채 리스크를 경감시켜준다. 더욱이 저금리에 따른 부동산 등 자산가격의 상승, 즉 자산가치 상승 기대감은 부채상환 부담과 리스크를 동시에 경감시키는 역할을 해준다. 그러나 금리가 높아지면서 얘기는 달라진다. 중물가-중금리는 거부하기 어려운 현실이다. 향후 물가와 금리가 완만하게 둔화될 여지는 있지만 전 세계 경제가 심각한 위기 혹은 침체를 맞이하기 전까지 저물가-

초저금리 시대로의 회귀는 정말 희망에 그칠 것이다. 설사 저금리의 전제조건으로 언급한 경기침체가 현실화된다 하더라도 가계부채 리스크를 피하기는 더더욱 어렵다. 가계부채 폭탄의 방아쇠가 경기침체에 따른 고용절벽과 자산가격 폭락이어서 부채 리스크 현실화 시점을 오히려 앞당길 것이기 때문이다.

이전 피크 재팬 사례에서도 알고 있듯이 피크 재팬은 부채 버블에서 비롯되었고 현재 진행형인 피크 차이나도 부동산 부채로 촉발되었다. 그리고 피크 USA는 아니지만 2008년 금융위기 역시 서브프라임발 가계부채에서 시작되었다. 피크 차이나를 제외하고 부채 리스크의 도화선은 영원할 것 같았던 저금리 환경의 파괴에서 비롯되었다.

한국 정책당국도 부채를 통한 부양에 더 이상 나설 수 없음을 인식하고 있다. 오히려 K-가계부채 연착륙을 위한 정책적 노력이 강화될 것이다. 다행히 가계부채 관리 혹은 연착륙에 성공한다면 피크 코리아를 피할 가능성이 높지만 이를 장담하기는 어렵다. 오히려 과도한 부채 사이클의 종착역은 자산가격 급락을 동반한 부채 사이클 경착륙이었음을 잊지 말아야 한다. 특히, 중물가-중금리 패러다임 지속은 K-가계부채의 경착륙과 이에 동반되는 피크 코리아의 위험을 높이는 역할을 할 것이다.

인구 사이클과 피크 코리아①: 신생아 절벽 현상

세계에서 가장 낮은 출산율에 대한 효과적인 정책 대응이 없는 경우
2070년경 총인구가 4천만 명을 밑돌 것이다.

피크 코리아 리스크를 얘기할 때 빼놓을 수 없는 근거가 극단화 추세를 보이고 있는 인구 사이클이다. 한국 인구 사이클에 대한 비관론은 어제오늘의 이슈는 아니지만 한국 인구절벽 시나리오가 예상보다 너무 빠르게 진행되고 있다는 사실은 숨길 수 없는 현실이다. 주요 선진국이 초고령사회에 진입하고 있는 것은 공통적인 현상이지만 장래 한국 인구 사이클에 대한 우려의 목소리가 상대적으로 크게 울려 퍼지고 있다.

한국의 심각한 인구 사이클을 데이터를 통해 짚어보자. 한국 인구 비관론에서 단골 메뉴는 고령화 속도지만 이보다 인구가 감소하

는 인구절벽과 관련해 주목할 데이터는 신생아 수다. 결론적으로 신생아가 태어나지 않고 있다. 2022년 출생아 수는 25만 명에 불과하다. 1970년 신생아 100만 명과 비교하면 1/4수준이다. 더욱이 신생아 수 감소세가 2010넌대 중반부터 가파르다. 2016년 40만 명이었던 신생아 수는 3년 만인 2019년 30만 명으로 10만 명 줄어들었고 또 3년 만에 25만 명(2022년)으로 감소했다.

데이터를 통해 알 수 있듯이 신생아 절벽 사이클이 이미 시작되었다. 이처럼 한국의 초저출산이 유례없는 수준이라는 점에서 한국은행의 인구 감소 전망이 시나리오로 그치지 않을 공산이 크다.

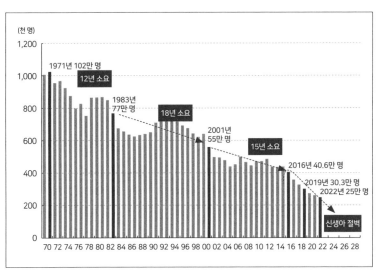

신생아 절벽에 직면한 한국

출처: 통계청, 하이투자증권

인구로 인한 국가 소멸,
더 이상 시나리오가 아니다

한국의 초저출산 현상은 여타 국가에 비교하면 더욱 분명해진다. 2022년 합계 출산율은 0.78명이지만 2023년과 2024년에는 각각 0.73, 0.70명으로 하락할 것으로 통계청은 추정하고 있다. 국가별로 비교가 가능한 2021년 기준으로 볼 때 한국의 합계 출산율은 최저 수준이다. 세계은행이 집계하는 217개국과 비교하더라도 홍콩(2021년 0.77명) 다음으로 최저 수준이지만 이 글이 작성되고 있는 2024년 기준으로 한국은 전 세계 1위의 최저 합계 출산율 국가가 되어 있을 것이다.

한국 인구 고령화의 주요 요인인 초저출산 현상의 배경은 각종 경제적·사회적 불안이 복합적으로 작용하고 있다. 소득(고용) 불안, 높은 주택가격에 따른 주거 불안, 양육환경과 미래에 대한 불안심리가 결혼 출산 연기 및 포기로 이어지고 있다. 우스갯소리로 "이전 세대에게 자녀는 필수 소비재였지만 현세대에게는 사치재"라는 말이 나올 정도다. 자녀 출생과 양육에 드는 과도한 경제적·인적 비용으로 인해 자녀를 기피하는 안타까운 현실이 팽배해지고 있다.

이러한 결혼 및 자녀 기피현상은 다양한 데이터에서도 뒷받침된다. 우선 결혼 기피현상은 미혼율 증가를 통해 확인된다. 25~49세 여성의 미혼율은 1990년 8%에 불과했지만 2020년에는 32.9%로 급증했다. 특히, 30대 여성의 미혼율은 2020년 기준으로 33.6%이

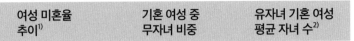

여성 미혼율 추이[1]	기혼 여성 중 무자녀 비중	유자녀 기혼 여성 평균 자녀 수[2]

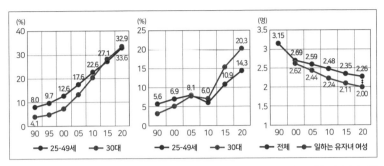

주: 1) 여성 중 미혼 인구 비중, 2) 출산 경험이 있는 기혼 여성의 자녀 수   출처: 통계청, 하이투자증권

다. 30대 여성 중 1/3 정도가 결혼을 하지 않고 있다.* 결혼 기피현상과 함께, 결혼을 했지만 자녀가 없는 무자녀 비중도 가파르게 상승했다. 25~49세 기혼 여성 중 무자녀 비중은 2010년 6% 수준이었으나 2020년에는 14.3%로 2배 이상 증가했다. 30대의 경우에는 동 비중이 같은 기간 7.1%에서 20.3%로 급증했다. 출산을 미루는 원인도 있지만 젊은 세대일수록 결혼은 하더라도 자녀는 원하지 않는 딩크족**이 국내에도 늘어나는 추세이기 때문이다.

이 밖에도 기혼 여성의 평균 자녀 수도 줄어들고 있다. 2000년 기혼 여성의 평균 자녀 수는 2.69명이었지만 2020년에는 2.26명으로

* 한국은행, <초저출산 및 고령화사회: 극단적 인구구조의 원인, 영향, 대책>, 2023. 12.

** 딩크족(DINK; Double Income, No Kids)은 1980년대 미국을 중심으로 나타난 새로운 가족 형태로, 결혼은 하되 아이를 두지 않는 맞벌이 부부(무자녀 기혼)를 가리킴(구글 참조).

줄어들었다. 이 중에서도 근로 여성의 평균 자녀 수는 동기간 2.62명에서 2.0명으로 상대적으로 더욱 줄어들었다.

결혼 지연 혹은 기피는 물론 딩크족 확산 추세의 근본적인 원인을 해소하기 이전까지 신생아 절벽 현상은 더욱 심각해질 것이다.

인구 사이클과 피크 코리아②: 압도적 속도인 한국의 고령화 속도

한국을 상징하는 '빨리빨리' 문화가 고령화 사이클에도 어김없이 나타난다.
2046년경 한국의 고령인구 비율은 일본마저 앞서게 된다.

각종 자료에서 한국의 초고속 고령화는 누차 강조된 현실이기 때문에 새로울 것은 없다. 다만, 한국 경제 성장세가 양호한 국면이면 인구 고령화 속도는 당장 문제가 되지 않겠지만 대외적 환경과 부채 리스크가 동반된다면 너무 빠른 고령화 속도는 한국 경제에 큰 부담을 줄 것이다. 고령화가 생산가능인구 감소 등으로 잠재성장률을 낮춘다는 점과 함께 세대 간 갈등 및 소득 불평등으로 인한 사회적 갈등을 유발한다는 점에서도 가파른 초고령화 속도가 피크 코리아 리스크를 앞당길 수 있다.

한국은 2018년을 기점으로 이미 고령사회(전체 인구에서 65세 이상이 차

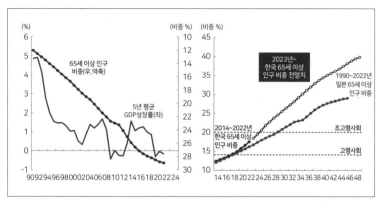

| 일본 고령화 비중과 성장률 추이 | 한국과 일본의 고령화 속도 비교 |

출처: OECD, Bloomberg, CEIC, 하이투자증권

지하는 비율이 14% 이상)의 문턱을 넘어섰고 이후 7년 만에 초고령사회 (전체 인구에서 65세 이상이 차지하는 비율이 20% 이상)에 진입할 것으로 예상 된다. 이는 OECD 국가 중 가장 빠른 속도다. 인구 추계에 따르면 2046년경 한국의 고령인구 비율은 일본마저 앞서게 된다. 유례를 찾아보기 어려운 한국의 인구 고령화 속도라는 점에서 경제에 미치 는 부작용도 당연히 가장 크고 예측도 쉽지 않다.

　대표적으로 일본의 사례를 빼놓고 얘기하기는 힘들다. 일본의 장 기 디플레이션에는 여러 가지 요인이 있지만 1900년대 초반부터 일 본이 고령사회에 진입한 것도 중요한 요인 중의 하나다. 인구 고령 화가 생산가능인구 비중 감소에 따른 성장률 둔화와 더불어 주택가 격 등 자산가격의 하락 그리고 정부부채 급등을 통한 일본 경제의 잃어버린 30년의 결정적 이유로 작용한 것이다. 일본뿐만 아니라 독일 등 유럽국가의 저성장 추세와 정부부채 급증 역시 고령화 추세와 밀접한 관계를 가지고 있다.

급속한 고령화로 인한
성장률 둔화를 피하기 어렵다

일본의 사례에 비추어볼 때 한국 경제가 인구 사이클에 따른 성장률 둔화 압력을 피하기는 어렵다. 성장 측면 고령화 수준보다 더 큰 문제는 고령화 속도다. 일본의 경우 고령사회에서 초고령사회로 넘어가는 데 약 15년 정도가 소요되었지만 한국의 경우 동 기간이 7년에 불과할 전망이다. 2025년에 초고령사회 진입이 예상되고, 더욱이 향후 5년마다 한국의 65세 이상 비중이 5%씩 증가하는, 사례가 없는 고령화 속도를 기록할 것이 자명하다. 이에 따라 한국은행은 잠재성장률에 대한 노동투입의 기여도가 2011~2015년 0.7%p에서 2016~2020년에는 0.2%p 낮아졌다고 분석했고, 마침내 2021~2022년에는 -0.2%p까지 추락한 것으로 추정하고 있다. 인구 사이클이 성장에 기여하기보다 성장을 잠식하는 생산요소가 된 것이다.

물론 일본 고령화 사례를 한국에 직접적으로 적용하는 데는 일부 한계도 있다. 일본 경제 구조는 기본적으로 내수 중심이지만 한국 경제는 수출의존적 구조다. 인구에 큰 영향을 받는 내수보다 해외

수요에 더욱 큰 영향을 받는 구조가 인구 고령화 충격을 일부 상쇄시켜줄 여지는 있다.

다만, 글로벌 경제가 이전과 달리 저성장 국면에 진입할 가능성이 크고 공급망 이분화 그리고 중국의 추격 등 한국 수출을 둘러싼 향후 환경은 우호적이지 못하다. 결국 글로벌 경제환경 변화에 수출 둔화 리스크와 인구 충격에 따른 노동기여도 추락은 시간이 갈수록 피크 코리아 현상으로 이어질 수 있다.

해외로 돈이 나간다:
낮아진 국내 투자 매력도

낮아진 한국의 투자 매력도는 성장 역동성 하락에서도 기인하지만
글로벌 혁신 사이클에 제대로 편승하지 못하고 있음도 중요한 원인이다.

한국에 대한 매력도가 이전만 못하다는 느낌이다. 성장의 역동성
이 떨어진 것이 일단 중요한 원인이다. 글로벌 성장 구도가 변화된
것도 한국에 대한 매력도를 상당히 약화시키고 있다. 팬데믹을 거
치면서 중국의 성장동력은 약화된 반면 미국과 일본의 성장 매력도
는 부각되었다. 한국의 최대 수출국인 동시에 산업적으로도 높은 연
관성을 보여왔던 중국의 매력도 저하, 더 나아가 피크 차이나 여파
가 자연스럽게 한국으로 전이되고 있는 것이 아닌가 하는 의구심이
든다.

한국의 매력도 약화는 증시라는 거울을 통해서도 일부 확인된다.

팬데믹 직후 초저금리에 기반한 과잉 유동성과 디지털경제 붐이 코스피지수를 3,000선 이상으로 잠시 상승시킨 바 있지만 2018년 미-중 패권전쟁 이후 사실상 박스권에 갇힌 제2의 박스피 장세가 유지되고 있다. 이는 전 세계의 정치 및 경제 패러다임 전환 과정에서 한국 경제가 앞서 지적한 신넛크래커 상황에 직면한 것과 무관치 않다. 더욱이 전 세계에서 유례를 찾아볼 수 없는 고령화 속도는 한국 경제의 매력도를 약화시키는 또 다른 요소다.

기술혁신 열차에
탑승하지 못하고 있는 한국 기업

2023년 말부터 대만 주식시장 시가총액이 한국 코스피 시가총액을 넘어서기 시작했다. 대만에는 TSMC라는 걸출한 글로벌 반도체 기업이 있다. 하지만 한국과 대만의 명목 GDP(2022년 기준) 규모가 각각 1.7조 달러, 7,600억 달러임을 생각하면 또 다른 측면에서 한국의 매력도 저하를 의미한다. 특히 AI 붐을 타고 엔비디아 시가총액이 급증하면서 한국 전체 시가총액을 넘어선 현상은 AI 붐에서도 아직 한국 수혜가 제한적 수준임을 의미한다. 초격차로 대변되는 한국 반도체 산업이 어느 순간 AI 사이클에 소외되는 현상이 나타나고 있는 것이다.

이러한 현상이 단기간에 그칠 가능성도 있다. 기술혁신 사이클의

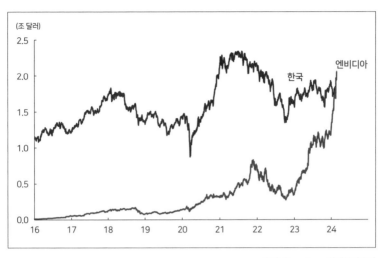

한국 전체 시가총액을 역전한 AI 선두기업 엔비디아의 시가총액

(조 달러)

출처: Bloomberg, 하이투자증권

특성상 기술혁신 사이클 초기 국면에서는 동 기술을 선도하는 기업들의 승자독식 현상이 일반적으로 나타나는 경향이 크기 때문이다. 컵에 물이 절반도 차지 않아서 당장 낙수효과를 기대하기는 어렵지만 보급률 사이클이 본격화된다면, 즉 컵에 물이 넘치면 한국도 낙수효과를 얻을 것이다.

다만 우려되는 부분도 분명 있다. 정확한 시기를 알 수 없지만 토종 IT 기업들이 글로벌, 특히 미국 빅테크 기업에 자리를 내주는 현상이 뚜렷해지고 있다. 국내 모바일 플랫폼 사용량 1위는 더 이상 한국 플랫폼이 아닌 유튜브다. AI시대 본격화시에도 글로벌 빅테크 기업이 국내 시장을 장악하면서 국내 기업의 낙수효과가 미미한 수준에 그칠 위험이 크다. 기술을 선도하지 못한다면 낙수효과만으로 한국이 IT 강국임을 자부하기 힘든 시대가 올 것이다. 피크 코리아의 또 다른 슬픈 시나리오다.

이미 한국 자금이 글로벌 기업으로 몰려가고 있다

공교롭지만 국내 자금의 해외 유출 현상, 즉 빅테크 기업을 중심으로 한 투자 확대는 또 다른 피크 코리아 시그널로 해석된다. 1990년 초 일본 버블붕괴와 이후 장기 경기불황으로 일본 자금이 해외투자로 눈길을 돌린 것과 유사한 현상이 일부 나타나고 있다. 국내 금융시장이 상대적으로 협소한 상황에서 축적된 자금이 해외투자 형태로 유출되는 것은 당연하게 받아들일 수 있지만 그 속도가 심상치 않다. 무엇보다 국내 IT 기업 등 대기업보다 빅테크 기업을 중심으로 한 글로벌 선도기업에 쏠리는 현상은 국내 기업들의 경쟁력 약화로 해석된다.

연기금의 해외투자 확대는 차치하더라도 서학개미로 일컫는 개인투자자의 미국 주식을 중심으로 한 투자 열풍은 단적으로 한국에 비해 미국, 특히 미국 빅테크 기업들의 투자 매력도가 훨씬 커졌음을 의미한다.

그리고 이러한 개인투자자들의 해외투자 확대 추세는 더욱 확대

될 여지가 크다. 변동성은 한국 금융시장이 클지 몰라도 중장기 수익률 관점에서 미국 수익률을 따라가기 어렵기 때문이다. 단 0.1% 라도 높은 수익률을 얻을 수 있다면 자금이 쏠리는 상황에서 굳이 중장기 성장 매력도가 불투명한 한국에 투자하기보다는 안정적이고 높은 수익률을 얻을 수 있는 미국 등 또 다른 시장으로 자금이 이동할 공산이 크다.

포트폴리오 투자 차원의 머니 이동뿐만 아니라 기업들의 해외 투자를 확대하는 성향도 강해지고 있다. OECD 통계에 따르면 한국으로 유입되는 직접투자(FDI)는 최근 10년간(2013~2022년) 연평균 약 126.8억 달러로, 추세적으로 답보 상태다. 반면에 한국에서 해외로 유출되는 직접투자 규모는 2013~2022년 연평균 384.7억 달러로 해마다 증가하고 있다. 참고로 2013~2016년 연간 200억 달러, 2017~2020년 300억 달러, 2021~2022년 600억 달러로 급증했다. 미국의 리쇼어링 및 니어쇼어링 정책 강화가 한국 기업의 해외투자 확대에도 큰 영향을 주고 있다.

기업들이 자국 우선주의와 무역규제 강화 등으로 수출을 통한 성장의 한계 때문에 현지에 생산거점을 구축하는 것은 어쩔 수 없는 현실이지만 이 과정에서 한국 내 투자 약화는 결국 한국 경제의 성장 잠재력 약화, 즉 피크 코리아 압력을 높일 것이다. 물론 제조업이 아닌 디지털 투자 등 무형자산 투자 혹은 동 시장 확대가 뒷받침된다면 제조업의 해외투자에 따른 산업공동화 현상을 막아주겠지만 이러한 기대를 충족시키기 위한 관련 투자는 미흡한 것이 사실이

다. 무엇보다 인구절벽으로 내수시장이 점점 더 움츠러들 수 있음은
기업들의 한국 내 투자 의지 및 고급인력 조달의 장애물이다. 결국
자금들이 한국에 머물지 못하고 해외로 이탈하는 현상만 심화될 것
이다.

사회적 갈등 심화도
성장 잠재력을 깎아먹는다

눈에 잘 보이지 않고 잘 드러나지 않는 한국의 사회적 갈등 심화도
피크 코리아 리스크를 더욱 높이는 요인이다.

한국 경제와 사회가 안고 있지만 눈에 잘 보이지 않는 피크 코리아 요소는 갈등이다. 한국 내 갈등 정도는 근자에 들어 최고 수준이 아닐까 싶다. 이념, 젠더, 세대, 소득, 교육 등 사회 각 부문에 걸쳐 갈등이 커다란 이슈가 되고 있다. 한국이 갈등 문제에 있어 전 세계 상위 수준에 위치해 있음은 각종 자료와 지표를 통해 설명된다.

OECD가 발표한 2016년 기준 국가별(30개국 대상) 갈등지수를 보면 한국 갈등지수는 멕시코, 이스라엘에 이어 3위를 차지했다. 세부별 갈등지수를 보면 정치 4위, 경제 3위 그리고 사회 부문 2위를 기록한 바 있다. OECD 갈등지수 발표 이후 몇 년의 시간이 경과되

었지만 한국 내 갈등 상황은 더욱 악화되었다고 보는 것이 타당하다. 2021년 영국 킹스칼리지가 발간한 보고서(Cultural wars around the world: how countries perceive divisions, 2021)에 따르면 한국은 12가지 갈등항목 중 7개 부문에서 1등을 차지했다. 사실상 조사대상국 17개국 중 한국 시민들이 느끼는 갈등 정도가 가장 심한 것이다.

해외 조사뿐만 아니라 한국에서 조사한 자료에서도 한국 사회 곳곳에서 갈등의 골이 깊어지고 있음이 확인되는 등 대한민국은 '갈등 공화국'이라고 표현해도 될 만큼 심각한 상황에 직면해 있다. 뉴스1-타파크로스가 진영, 젠더, 세대, 불평등, 일터 등 다섯 가지 유형으로 2018년 초 이후 조사한 갈등지수를 보면 종합갈등지수는 해가 지날수록 높아지고 있다. 특히, 추세적으로 보면 진영과 일터 항목의 갈등지수가 꾸준히 상승하고 있다.*

소득불균형 심화도
중요한 사회적 갈등

갈등지수뿐만 아니라 체감적으로도 갈등의 강도가 높아지고 있음을 느끼고 있으며 이러한 갈등을 부채질하는 현상도 뚜렷해지고

---

* 동아일보, '사회갈등지수 4년 새 거의 2배…대한민국은 갈등공화국', 2022년 4월 11일 기사 참조.

5장

있다. 한국은 여타 선진국보다도 소득불균형이 심각한 국가다. 다시 한번 OECD의 소득불균형지수(2021년)를 보면 한국이 OECD 국가 중 4번째의 소득불균형지수를 보이고 있다.

실제로 부의 편중 문제가 점점 더 현실화되고 있다. KB금융지주 경영연구소가 발표한 〈한국 부자 보고서〉를 보면 2022년 기준으로 부동산 등 실물자산을 제외하고 금융자산 10억 이상을 보유한 인구는 45만 6천 명이다. 이는 우리나라 인구의 0.89% 수준이지만 이들이 한국 총금융자산의 59%를 보유하고 있다. 99%가 넘는 나머지 대다수 국민들은 한국 총자산의 41%밖에 보유하지 못하고 있는 것이 현실이다.

부의 불평등 혹은 소득불균형도 문제지만 부가 세습되면서 소득불균형이 더욱 심화될 여지가 커지고 있다. 이와 관련해 100억이 넘는 재산을 물려준 피상속인이 4년 새 두 배 가까이 증가한 것으로 나타났다. 2022년 기준으로 재산가액이 100억 원을 초과한 피상속인은 338명으로, 이는 4년 전인 2018년(185명)보다 82.7% 증가한 수치다.

이에 따라 상속재산이 100억 원을 초과하는 피상속인의 총상속재산가액은 38조 7,000억 원으로 4년 전보다 11.4배 폭증했다. 상속세 대상이 되는 재산규모가 커지고 있다.* 베이비붐 세대가 보유하고 있는 자산이 자녀에게 상속되는 추세는 더욱 확대될 것이 분명하다.

---

* 경향신문, 2023년 10월 18일자 기사 참조.

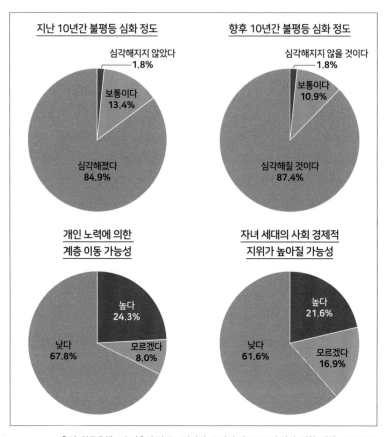

불평등과 계층 이동에 관한 설문 조사(한국은행, 2022년)

지난 10년간 불평등 심화 정도

심각해지지 않았다
1.8%
보통이다
13.4%
심각해졌다
84.9%

향후 10년간 불평등 심화 정도

심각해지지 않을 것이다
1.8%
보통이다
10.9%
심각해질 것이다
87.4%

개인 노력에 의한
계층 이동 가능성

높다
24.3%
모르겠다
8.0%
낮다
67.8%

자녀 세대의 사회 경제적
지위가 높아질 가능성

높다
21.6%
모르겠다
16.9%
낮다
61.6%

출처: 한국은행, <초저출산 및 초고령사회: 극단적 인구구조의 원인, 영향, 대책>, 2023, 12

부의 세습이 꼭 나쁘다고 할 수 없지만 가진 자와 못 가진 자 간의 갈등이 커질 가능성은 잠재해 있다.

한국은행이 2022년 전국 청년 2,000명을 대상으로 한 설문조사에 청년들은 우리 사회의 불평등과 부의 대물림 현상이 심각한 수준

이며 자녀 세대의 사회경제적 지위가 자신의 세대보다 높아지지 않을 것으로 예상했다.[*]

잠재해 있던 다양한 사회갈등이
동시적으로 표출되고 있다

부의 세습보다 사회적 갈등을 더욱 크게 유발할 수 있는 갈등은 세대 간 부의 격차 그리고 일자리 혹은 고용 갈등이다. 세대 간 부의 갈등은 미국의 사례에서 보듯 자산이 많은 베이비붐 세대를 포함한 노년층과 자산보다는 부채가 많은 MZ세대를 주축으로 하는 젊은 세대 간 갈등이다. 한국의 베이비붐 세대가 미국 베이비붐 세대만큼 부를 독식하고 있지는 않다. 그럼에도 불구하고 상대적으로 베이비붐 세대는 X세대 및 M세대보다 많은 자산을 가지고 있는 것은 분명하다. 특히 한국의 경우에는 부동산 장기호황의 영향이 크지만 1차 베이비붐 세대(1955~1964년 출생)보다는 2차 베이비붐(1965~1974년 출생) 세대의 순자산 규모가 여타 세대에 비해 많은 구조다.

문제는 세대별 자산 규모가 아니다. 초점은 부채의 규모다. MZ세대가 주택 구입 및 자산 투자를 위해 부채를 많이 차입하는 세대지만, 팬데믹을 기점으로 한 영끌 투자 확산으로 MZ세대의 부채 차입

---

[*] 한국은행, <초저출산 및 고령화사회: 극단적 인구구조의 원인, 영향, 대책>, 2023. 12.

규모가 급증했다. 통계청 자료에 따르면 20대 이하 가구주의 경우 부채 보유액이 2018년 2,591만 원에서 2022년에는 5,014만 원으로 93.5% 급증했고, 30대 가구주 역시 8,088만 원에서 1억 1,307만 원으로 증가했다. 같은 기간 20대 가구주의 연평균 소득이 7.4% 줄어든 것과 대비된다. 소득 증가에 비해 부채 증가 속도가 너무 빠르다. 이러한 부채 급증 현상은 자산가격, 대표적으로 주택가격이 상승하거나 최소한 유지는 되어야 이자 부담을 감내하면서 버틸 수 있다.

그러나 세상은 기대처럼 흘러가지 않고 있다. 금리는 급등하고 주택가격도 불안하다. 서울 주택가격이 그래도 하방경직성을 가지고 있지만 서울을 제외한 수도권과 지방 주택시장에는 침체 현상이 지속되고 있다. 영끌 투자로 벼락거지가 양상될 위험이 도사리고 있다. 단기적으로는 청년층의 부채 위험이 현실화되지 않을 수도 있지만 인구 고령화의 거센 물결에 따른 중장기 주택가격 하락 가능성과 중금리 현상 고착화는 청년층의 빚 부담으로 이어질 여지가 있다. 이는 세대 간 갈등과 함께 내수경기에도 부정적 영향을 미쳐 일본형 장기불황 위험을 키울 것이다.

고용 혹은 일자리를 둘러싼 갈등도 중요한 사회적 갈등이다. 일단 청년들의 취업률이 선진국보다 못하다. 한국의 15~29세 고용률은 2022년 기준 46.6%로 OECD 평균 54.6%보다 낮다. 대학 졸업 이후 결혼 연령대인 25~39세 고용률은 75.3%로 OECD 평균치 87.4%보다 크게 낮은 수준이다. 청년들이 양질의 일자리를 찾기가 힘들어진 것이다. 일자리뿐만 아니라 일자리의 질이 악화되고 있음도 문제다.

청년 일자리 중 정규직보다 비정규직 일자리 비중이 커졌다. 15~29세 청년층 임금 일자리 중 비정규직 일자리 비중은 2003년 31.8%에서 2022년 41.4%로 상승했다. 전 연령층으로 확대하더라도 한국의 비정규직 일자리 비중은 27.3%(2022년)로 OECD 34개 국가 중 2위다.

일자리의 안정성이 갈수록 떨어지고 있는 가운데 정규직과 비정규직 간 임금 격차도 확대되었다. 월평균 임금 기준으로 2004년 비정규직과 정규직 임금비율은 1.4배였지만 2023년에는 1.9배로 거의 2배 가까운 수준으로 확대되었다. 일자리의 안정성 하락과 함께 일자리 간 소득불균형 현상도 커지고 있는 현실이다.

MZ로 대변되는 청년층은 향후 한국 경제를 책임질 세대다. 그런 세대가 양질의 일자리 부족으로 힘들어하고 어느 일자리에 취업되느냐에 따라 소득불균형의 멍에를 안고 살아가고 있다. 근로의욕이나 생산성이 개선되기 힘들고 갈등과 사회에 대한 불만이 커지는 것은 당연하다. 사회갈등 해소만으로 성장률이 높아질 수 있다는 조사가 있다. 갈등 해소를 위해 막대한 사회적 비용을 허비하지 않고 성장 잠재력을 높이는 자원을 배분할 수 있기 때문이다. 사회갈등지수가 전 세계 상위권이라는 오명을 벗어나지 못한다면 제 발로 피크 코리아 국면에 진입하는 결과를 초래할 것이다.

피크 코리아,
회피할 문제가 아니다

한국 경제는 최악의 시나리오를 맞이할 가능성에 대비해야 한다.
피크 코리아 리스크가 현실화될 수 있다.

피크 코리아는 더 이상 회피하거나 무시할 수 없는 현실이자 극복해야 할 이슈다. 한국 경제는 그동안 주력 수출제품을 중심으로 산업구조의 빠른 전환을 통해 난국을 극복해왔다. 섬유 및 가발을 주력으로 수출하던 시대에서 가전 및 선박을 중심으로 한 수출 및 산업의 성장 시대를 거쳐 IMF위기 이후에는 반도체 및 자동차 수출을 통해 산업 패러다임 전환이 다이내믹하게 이루어졌다. 최근에는 반도체 및 이차전지 그리고 K-콘텐츠 등이 한국 수출의 중추적 역할을 하고 있다.

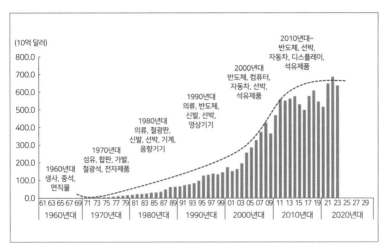

한국의 장기 수출액 추이와 주력 수출제품 변화

(10억 달러)

2010년대~
반도체, 선박,
자동차, 디스플레이,
석유제품

2000년대
반도체, 컴퓨터,
자동차, 선박,
석유제품

1990년대
의류, 반도체,
신발, 선박,
영상기기

1980년대
의류, 철판,
신발, 선박, 기계,
음향기기

1970년대
섬유, 합판, 가발,
철광석, 전자제품

1960년대
생사, 중석,
면직물

출처: 한국무역협회, 하이투자증권

수출을 통한 리스크 극복이
결코 쉽지 않다

그러나 앞으로의 대외환경은 이전과 전혀 달라질 것이 분명하다. 미-중 패권경쟁 등 신냉전 분위기 확산은 전 세계를 쪼갤 수 있어 한국 경제로서는 최악의 시나리오를 맞이할 공산이 크다. 과거와 같은 수출을 통해 위기를 극복하는 것이, 즉 피크 코리아 극복이 결코 쉽지 않을 것이다.

수출과 관련해 또 다른 위기는 한국과 중국의 관계다. 정치적 이해관계를 떠나 지금은 힘들어하고 있지만 중국 산업의 경쟁력 및 고도화는 한국 산업에 있어 경험하지 못했던 위기로 작용할 것이다. 미-중 갈등과 미국 공급망 재편 그리고 중국 내 각종 산업의 성장은 더 이상 한국과 중국 경제 간의 밀월관계를 용납하기 어렵게 하고 있다. 이미 이러한 시그널은 한-중 간 수출 곳곳에서 확인되고 있다. 2023년 한국의 대중국 무역수지 적자 전환이 일각에서는 중국 경제 불안에서 비롯되었다는 시각도 있지만, 큰 틀에서 보면 중국 산업이 한국 산업을 상당 부분 따라왔고 앞으로 그 속도는 더욱 빨라질 것이 분명하다.

일례로 가공단계 수출구조를 보면 한국과 중국 간 입지가 뒤바뀌고 있다. 한국은 주로 중국에 중간재와 자본재를 수출하는 구조로

한국의 대중국 중간재와 자본재 수출입 비중

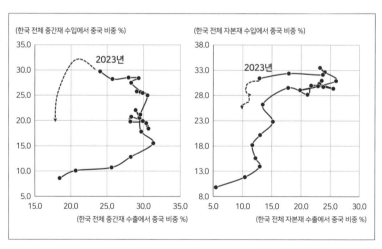

출처: 한국무역협회, 하이투자증권

5장

분업구조를 유지해왔지만 어느 순간 중간재 수출에서 중국 수출 비중은 감소하고 있다. 반면 한국의 전체 중간재 수입에서 중국 비중은 갈수록 높아지는 양상이다.

자본재 수출입 역전 현상은 더욱 심각하다. 한때 한국의 전체 자본재 수출의 25%를 중국이 담당했지만 이제는 10% 초반대로 추락했고, 한국의 자본재 수입 중 중국 비중은 2001년 9% 대에서 20년 만에 30%를 넘어섰다. 중국산 자본재에 대한 한국 기업 의존도가 과거에 비해서 절대적으로 높아진 것이다. 이에 따라 한국의 대중국 자본재 무역수지 역시 2020년부터 적자로 전환되었고 적자 규모가 매년 확대중이다. 중국이 한국 중간재와 자본재에 매달리는 것이 아니고 한국이 중국산 중간재와 자본재에 의존하는 현상이 20년 만에 현실이 된 것이다.

한국 경제,
두 가지 중국 리스크에 직면

중국과 관련해서 각별히 주목해야 할 이슈는 중국 저성장 리스크와 더불어 기술 혹은 경쟁력 측면에서의 중국 산업 발전 속도다. 2023년 중국 연간 GDP 성장률이 5.2%로 간신히 정부 목표치를 넘어섰지만 2024년 혹은 2025년 성장률은 4%대 중후반 수준에 그칠 전망이다. 더욱이 중국이 현 불안 리스크를 제대로 해소하지 못할

세계 최고 수준과 한-중 경쟁력 비교(반도체산업 전체)				
세계 최고 수준	현재		5년 후	
	한국	중국	한국	중국
100	83	66	85	75

출처: <주요 산업의 한-중 가치사슬 분석과 시사점>, 산업연구원, 2022년 12월.

경우 중국 입장에서 사실상 침체 수준인 3%대 이하로 성장률이 떨어질 수도 있다.

한국 경제의 대중국 수출 등 경제 및 산업의존도가 낮아졌다고 하지만 중국 경기 불안이 직간접으로 국내에 악영향을 미치는 것은 당연하다. 원화와 중국 위안화 가치 사이의 높은 상관성은 이러한 구조를 잘 보여주는 지표다. 즉 중국 경제가 안정적인 기조를 유지해야 한국 경제도 큰 외풍 없이 성장세를 유지하게 될 것이다. 그리고 이슈가 되고 있는 중국 부동산 부채 리스크가 금융위기 형태로 나타난다면 한국도 2008년 금융위기 이상의 경제위기를 맞이할 것이다.

한국 수출경기의 타격뿐만 아니라 중국 위기가 한국에 잠재해 있는 부채 및 자산시장 위기로 이어질 개연성이 생각보다 높다. 홍콩 증시에 상장된 중국 기업지수인 H지수의 급락으로 인해 당장 한국은 H지수 연계 ELS 손실로 2024년 상반기에만 5조 원의 손실을 볼 것으로 추정되고 있다. 중국 주식시장 불안이 한국 가계와 기관의 손실로 바로 이어지고 있다.

시진핑 집권 3기 이후 중국에 대한 글로벌 투자자들의 시각은 갈수록 악화되고 있다. 중국에서 자금이 이탈하는 '차이나 런' 현상을 넘어, 중국 기업에 대한 주식투자 비중을 없애는 '차이나 지우기' 국면으로 전환되고 있다. 모든 생산요소를 국가가 통제하는 시진핑 체제하 국가자본주의 및 애국주의 강화는 자국 산업과 경제를 보호한다는 자국 우선주의와 다소 결이 다르다. 이는 중국 소외 현상과 성장 억제 역할을 할 수 있어 한국의 입장에서도 걱정스러운 대목이 아닐 수 없다.

반도체 및 자동차 등 일부 산업이 한국 경제를 지탱하고 있지만 이들 산업의 국제 경쟁력은 언제든지 약화될 수 있다는 것도 피크 코리아와 관련해 우려스러운 부분이다. 산업연구원 분석에 따르면 향후 5년 내 전체 반도체산업 경쟁력 측면에서 한국과 중국 간 초격차가 크게 축소될 것으로 예상된다. 미국의 기술규제가 중국 반도체 산업 경쟁력 강화 속도를 더디게 할 수도 있지만, 한-중 간 반도체 산업 경쟁력이 빠르게 축소될 여지가 있음은 피크 코리아 시기마저 앞당길 수 있는 잠재 위험 요소다.

한국, 기술혁신 사이클의 후발 주자가 되었다

기술혁신 사이클과 관련해 한국에 더욱 충격적인 뉴스도 있다. 미래 산업을 선도할 것이 확실시되는 AI 부문에서 한국과 미국 간 기술격차가 무려 450년 가까이 벌어졌다는 뉴스다. 미국이 2040년에 도달하게 될 인공지능기술 수준을 한국이 따라잡기까지 447년의 시간이 필요하다는 주장이다. 격차가 가장 가깝다는 중국이 38년, 인도 291년, 독일 355년 순이다. 미국의 AI개발업체인 AIPRM의 분석이지만, 자칫 한국이 미래 먹거리 산업에서 크게 뒤처질 수 있음을 경고한 것이다.

주목할 것은 이러한 분석이 나온 배경에는 관련 투자 부족과 'AI 크레바스'로 일컬어지는 각종 규제가 있다는 것이다. AIPRM에 따르면 최근 5년간 한국 정부의 AI 산업과 관련해 투자된 예산은 103억 달러로 미국의 3%, 중국의 7% 수준에 불과하다.* 투자 없이 산업의 발전을 기대하기는 어렵다. 만약 인공지능 부문에서 한국이 선두그룹에 포함되지 못하고 중국에까지 뒤처진다면 반도체산업에서도 경쟁력 유지를 담보하기 어렵다.

대외 환경과 산업부문이 피크 코리아를 압박하고 있는 동시에 대내적으로 급속한 고령화, 부채 부담 그리고 다양한 갈등 리스크 역시 해결하기가 녹록치 않다. 따라서 관련 정책 실패시 피크 코리아는 우려가 아닌 현실로 나타날 것이다.

시간이 많아보이지는 않는다. 정부, 기업 및 가계 등 모든 경제 주체가 사회적 갈등을 빠르게 봉합하고 험난한 국제경제질서의 파고를 넘어서기 위한 협력이 절실하다. 그리고 투혼만으로 위기를 극복

---

* 서울경제신문, 2024년 1월 17일 기사 참조.

하기에는 한계가 분명하다. 과감한 투자와 규제완화가 절실하다. 인공지능 부문에서 미국 및 중국과 벌어진 초격차를 축소하기 위한 정부와 기업들의 과감한 투자가 반드시 이루어져야 한다. 동시에 고급인력 등 인프라 제공을 위해 인구, 교육 및 세대 간 갈등을 완화할 수 있는 종합적 장기 플랜도 마련되어야 한다. 우려만 하고 행동이 없다면 향후 5년, 아니 빠르면 2~3년 내에도 피크 코리아가 현실화될 수 있음을 명심해야 한다.

- 갈등 리스크 패러다임 속 경제 및 사회의 특징
- 기술 중심의 생산함수와 새로운 보급률 사이클을 주목
- 증시를 통해 글로벌 판도 변화를 읽자
- '피크 코리아'의 해답도 기술혁신에서 찾자
- 선택과 집중이 그 어느 때보다 필요한 투자 시대

CONFLICTING

갈등 경제와 테크노믹스

문제가 있으면 답은 있다. 세계 경제가 갈등 경제라는 새로운 상황을 맞이

했지만 이를 돌파할 기회 역시 보이기 시작했다. 역사적으로 세계 경제는

기술혁신을 통해 위기를 극복해왔다. 더욱이 앞으로 펼쳐질 세상은 기술혁

신을 축으로 한 경제 체제가 고착화될 것이다. 기술이 경제를 견인하는 테

크노믹스 시대가 이미 열렸다. 중요한 것은 기술혁신 사이클에 조금이라도

뒤처진다면 모든 것을 상실하는 시대라는 점이다. 공존보다는 승자만이 독

식하는 경제 및 산업 시대에 철저히 대비해야 한다. 그리고 테크노믹스 시

대 흐름에 편승하는 재테크 전략도 필요하다.

- 희망보다 리스크를 대비해야 하는 시대다. 극단의 시대, 중금리 시대, 노동력 상실의 시대, 부채의 시대, 각자도생의 시대가 다가오고 있다.

- 다시 한번 비관론을 뚫고 성장하려는 노력과 정책이 필요하다. 이를 위해 경제 및 산업 패러다임을 빠르게 인정하고 민첩하게 대응해야 한다.

- 주식시장이 가끔 흥분하기도 하지만 새로운 혁신 사이클에 대한 관심이 높은 것도 역시 주식시장이다. 주식시장은 글로벌 패러다임 전환의 흐름이 투영되는 곳이다.

- 피크 코리아의 우려가 커지고 있음은 너무도 분명하다. 기술혁신을 통해 끓는 물에서 나올 수 있을지가 피크 코리아를 좌우할 것이다.

- 피크 코리아가 현실화되고 있지만, 투자를 통해 피크 코리아 위험을 피해 가는 방법을 찾아보는 노력이 필요하다.

- 기술혁신을 동반한 디지털경제, 즉 테크노믹스 시대는 의식 및 생활 습관은 물론 투자 측면에서 앞으로 많은 변혁을 초래할 것이다.

갈등 리스크 패러다임 속 경제 및 사회의 특징

희망보다 리스크를 대비해야 하는 시대다. 극단의 시대, 중금리 시대,
노동력 상실의 시대, 부채의 시대, 각자도생의 시대가 다가오고 있다.

미래를 얘기할 때는 그래도 희망을 주로 말한다. 그러나 글로벌
경제와 사회가 직면해 있는 현실을 고려하면 희망을 얘기하기란 쉽
지 않다. 경제 성장으로 생활 수준은 높아지겠지만 삶은 더욱 각박
해지고 냉혹해질 여지가 커 보인다. 갈등 경제 혹은 갈등 리스크라
는 패러다임 속 글로벌 경제와 사회가 앞으로도 이전과 같은 또 다
른 모습으로 변화 혹은 진화할 것이기 때문이다.

향후 펼쳐질 글로벌 경제와 사회의 특징을 몇 가지로 요약하면 다
음과 같다.

극단의
시대

 신냉전 분위기 확산과 미-중 패권경쟁 심화로 쪼개지는 공급망
과 경제 블록화는 물리적 형태의 전쟁은 물론 경제 전쟁을 심화시켜
국가 간 혹은 체제 간 갈등이 격화되는 소위 극단의 시대가 전개될
전망이다. 세대, 소득, 부채, 이념 및 인구 사이클 그리고 기술혁신
등도 사회적 갈등과 더불어 각종 경제적 갈등의 심화로 이어져 이전
과는 다른 사회 및 경제적 패러다임의 변화는 물론 극단화를 심화시
킬 여지가 크다.

중물가-중금리
시대

 글로벌 경제가 저물가-저금리 국면으로 다시 돌아가기는 쉽지
않다. 만약 저물가-저금리 시대가 다시 온다면 2008년 금융위기 이
상의 위기로 인해 전 세계 경제가 심각한 침체를 겪는 경우일 것이
다. 전 세계가 물가 및 자산가격 급락을 동반한 장기 경제불황에 진
입하는 경우다. 그러나 이러한 경우보다 전 세계 경제가 갈등 경제
로 진입하면서 물가와 금리의 변동성이 커지는 중물가-중금리 패
러다임이 상당 기간 지속될 것으로 예상된다. 이는 부채 관리와 자

산투자가 더욱 중요해지는 시대가 오고 있음을 의미한다. 과거 미국의 기준금리가 높은 수준을 유지했던 당시 각종 위기가 빈발했다는 점에서 중금리 시대의 본격화는 예기치 못한 위기가 빈발할 가능성이 높아졌음을 의미한다.

노동력 상실의 시대

선진국을 중심으로 한 초고령사회의 진입은 피할 수 없는 미래다. 그리고 이러한 초고령사회는 전 세계가 한 번도 경험하지 못했던 미지의 시대다. 초고령사회가 초래할 수많은 부작용은 이미 널리 알려져 인지되고 있지만, 경제 측면에서 고려할 부분은 노동력의 상실이 아닐까 싶다. 경제활동인구의 감소가 잠재성장률의 둔화로 이어지는 것은 물론 초장기적으로는 국가 존속 자체도 위협할 수 있는 요인이다. 일례로 한국의 신생아 수는 20만 명대이지만 현재의 출산율을 고려하면 10만 명대 진입도 가시권에 있다. 군에서 국방을 책임질 자원마저 부족해지는 시대가 올 수 있다. 다만 역설적으로 노동력 급감이 최근 전 세계적으로 가장 주목받고 있는 인공지능 및 로봇 시대의 조기 도래를 견인하는 역할을 할 수 있음도 주목해야 한다.

부채의
시대

    가계, 기업 및 정부 모두 이미 빚더미 위에 올라앉아있지만 빚더미는 앞으로 시간이 갈수록 계속해서 커지기만 할 것이다. 현재 전세계 부채는 300조 달러(전 세계 GDP 대비 349%)지만 6년 후인 2030년에는 400조 시대에 진입할 전망이다. 2008년 글로벌 금융위기 이후 기하급수적으로 증가하고 있는 전 세계 부채는 마치 폭주 기관차와 같은 모습이다.*

    위기 때마다 구조적 개혁이라는 근본적 치유보다 돈으로 문제를 단기 봉합하는 형태가 고착화되면서 부채는 증가만 할 뿐 줄어들지 못하는 악순환에 빠졌다. 손을 대기 어려워진 미국, 일본의 정부 부채와 더불어 중국의 기업 및 부동산 부채 역시 사실상 해소가 불가능해지고 있다. 부채를 부채로 막을 수밖에 없는 시대가 된 것이다. 2023년 6월 기준 전 세계 1인당 부채는 3만 7,500달러로 1인당 GDP인 1만 2,000달러보다 3배나 많다. 부채가 급증한 상황에서 중금리 시대 진입과 인구 고령화는 젊은 세대의 부채 부담을 더욱 가중시키는 결과를 초래할 것이 자명하다.

    빚도 감내할 수준이어야 갚을 의욕이 있다. 갚을 능력을 넘어서면

---

* 전 세계 부채는 2007년 전 세계 GDP 대비 278%, 2019년 323%, 2022년 350%으로 약 15년간 전 세계 GDP 대비 72%p 급증함(아시아 경제신문, 2023년 1월 25일 기사 참조).

자포자기하게 된다. 국가 간에도 상황은 마찬가지다. 부채를 둘러싼 갈등이 소득불균형 심화, 세대 간 갈등 및 사회적 불만 폭증과 같은 부작용을 일으킬 뿐만 아니라 국가 간에는 부채로 인한 전쟁까지도 촉발시킬 수 있다. 부채 급증 사이클로 인해 갈등 경제 현상도 점점 더 심화될 잠재 위험이 높다.

각자도생의 시대

한국에서 1인 세대의 비중이 40%를 넘어섰다. '나홀로의 삶'이 점점 더 중요해지고 있음을 보여주는 지표다. 개인이나 국가 모두 자급자족 형태의 경제활동을 영위하기는 힘들고 더불어 살아갈 수밖에 없다. 그러나 갈등 경제의 심화 속에 세상이 쪼개지고 인구 감소의 시대가 전개되면서 누구에게 도움을 받기보다는 스스로 살 길을 찾는 시대가 눈앞에 다가왔다.

전 세계적으로 미-중 갈등, 미-러 갈등 등 이념 및 경제 양분화가 미국 주도의 안보경제동맹이라는 새로운 협력체계를 만들고 있지만 국가 간 속내를 들여다보면 자국의 이익을 우선시하는 자국 우선주의의 성향은 갈수록 심해지고 있다. 오는 11월 대선에서 트럼프 전 대통령이 다시 당선될지 미지수지만, 만약 당선이 현실화된다면 미국의 자국 우선주의는 이전 트럼프 행정부 시절보다 더욱 심해질 공산이 크다. 더욱이 미국과 서방 국가들과의 안보경제동맹도 약화될 것이다.

글로벌 금융위기, 유럽 재정위기 및 팬데믹 그리고 중국 부채위기 등 최근 20년간 각종 위기를 거치면서 성장 둔화 및 부채 급증 그리고 사회적 갈등 심화는 어쩔 수 없이 이념적 극단주의를 동반한 자국 우선주의를 강화시켰다. 전 세계가 고성장기 국면에서는 그래도 이익을 공유하려는 노력이 있었지만 이제는 이익의 공유보다 이익의 선점 혹은 독식하려는 경쟁 체제가 전 세계 경제를 지배하는 분위기다. 개인 입장에서도 사회 및 경제 전반에 확산된 갈등 요인들과 더불어 가족의 최소화로 나홀로의 삶을 어느 가치보다 우선하는 경향이 강화되었다. 국가와 개인 모두 각자도생(각자가 스스로 제 살길을 찾는다)의 시대에 본격적으로 노출된 것이다.

급격한 기술 변화의 시대: 테크노믹스 시대 본격화

갈등 경제라는 우울한 시대를 맞이하고 있지만 전 세계에 희망의 불씨가 완전히 꺼지는 것은 아니다. 노동력 부족, 새로운 공급망 구축, 성장동력 회복의 해결책이자 '나홀로 삶과 더불어 삶'을 융합시키기 위한 노력이 급격한 기술혁신 사이클로 나타나고 있다. 소위 기술이 경제를 이끄는 '테크노믹스(Technology+Economy)' 시대가 본격

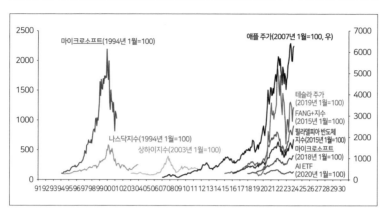

팬데믹을 기점으로 다양화되고 있는 기술혁신 사이클

출처: Bloomberg, CEIC, 하이투자증권

개막된 것이다.

　전 세계가 기존 생산요소와 산업체계를 둘러싼 갈등 구조로 인한 저성장, 고부채-중금리 그리고 인구 감소에 따른 노동력 부족 시대를 헤쳐나가기는 현실적으로 점점 더 불가능해지고 있다. 1~3차 산업혁명 사이클에서 보듯 새로운 생산요소 혹은 성장동력이 등장하면서 성장 잠재력을 높이거나 생산성을 획기적으로 향상시킬 구원자가 필요한 시점이다. 무엇보다 전 세계 경제가 당장 직면해 있는 물가 리스크를 해소하기 위해서도 생산성 향상이 필요하며 이는 새로운 생산요소와 생산시스템 등장에 달렸다.

　다행히 전 세계 경제가 그 해답을 찾아가기 시작했고 그 해답은 기술혁신 사이클이다. 코로나19 팬데믹이 전 세계 인구와 경제에 막대한 피해와 후유증을 준 것은 분명하지만, 동시에 팬데믹 기간은 전 세계가 기술혁신의 필요성과 가능성을 확인하는 계기가 되었다. 그동안 인류는 급격한 인구 증가 사이클, 어찌 보면 인간의 진화를 통해 성장을 거듭해왔다. 그러나 앞으로는 사람의 생각과 기술 간 융합을 통한 급격한 기술 진보를 통해 세상을 변화시킬 것으로 예상한다. 팬데믹을 기점으로 경쟁적으로 가속화되고 있는 기술혁신 사이클이 우리의 미래를 책임지는 역할을 할 것으로 기대한다.

기술 중심의 생산함수와
새로운 보급률 사이클을 주목

다시 한번 비관론을 뚫고 성장하려는 노력과 정책이 필요하다.
이를 위해 경제 및 산업 패러다임을 빠르게 인정하고 민첩하게 대응해야 한다.

갈등 경제 및 피크 코리아라는 다소 회색빛 경제 비관론이 떠오르는 상황이지만 경제는 늘 이러한 비관론을 뚫고 진화해왔다. 주목할 것은 위기 탈출 혹은 새로운 진화의 중심에 기술이 자리하는 테크노믹스 시대가 본격화된다는 점이다. 필자는 2021년 『테크노믹스 시대의 부의 지도』라는 책을 통해 기술이 경제를 지배하는 세상이 올 것이라고 강조한 바 있고 실제로도 기술 중심의 세계는 점점 더 현실화되고 있다. 또한 팬데믹 이후 닥쳐올 것으로 예상했던 거대한 사회 및 경제 변화 역시 상당 부분은 현실화되었다.

기술 중심의 경제 패러다임 변화를 단순하게 표현할 수 있는 것이

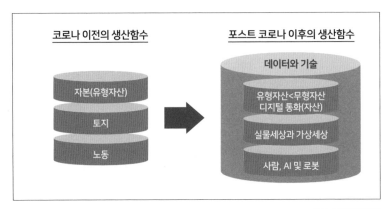

출처: 하이투자증권

생산함수 변화라 생각한다. 즉 과거의 노동과 자본 중심의 생산함수
는 더 이상 작동하기 어려울 것이며 새로운 패러다임에 걸맞은 생산
함수로 대체되고 있는데, 그 핵심 요소는 데이터와 기술이다. 기술
중심의 생산함수는 이전 책을 통해서도 강조했듯이 글로벌 공급망
재편, 즉 패권갈등을 격화시키는 요인으로 작용하고 있다.

인간과 AI 공존 시대를 구상하자

구체적으로 보면 기존 생산요소와 기술과의 결합이 본격화되고
있다. 노동력 부족과 고령화를 대체하기 위해 AI와 로봇이 사람과

함께 노동요소의 축을 이룰 것이다. 토지의 경우 가상세계 혹은 온라인이라는 새로운 토지개념이 생겨났으며, 자본의 경우 유형자산 투자보다 무형자산에 주로 자본 투자가 집중되고 있다. 디지털 통화 및 자산 역시 신자본으로 내두되고 있다. 관련해서 자산가치를 두고 논란이 해소되지는 못했지만 비트코인 현물 ETF가 미국증권거래위원회(SEC)의 승인을 받고 출시된 것은 비트코인이 제도권 자산으로 인정받았음을 의미한다. 무엇보다 블록체인 기술이 금융시장의 자본 흐름에 중요한 매개체 역할을 하면서 디지털 세상을 가속화할 가능성이 커졌다. 그리고 포스트 코로나 이후 중요한 생산요소로 부각된 것이 데이터다. 이제 데이터 없이 생산활동은 물론 소비활동이 제대로 작동하기 어려운 시대가 되었다. 자율주행차, AI 등 모든 신기술에서 데이터가 없다면 무용지물이다.

생산요소를 국가가 통제하는 중국의 국가자본주의를 언급할 때 가장 핵심적 통제 요소는 데이터다. 중국 역시 기술혁신을 통한 자강론을 위해 무엇보다 데이터의 통제와 관리를 최우선시하고 있다.

생산함수와 생산요소의 변화는 기존 공급망의 변화를 초래할 것이 분명하다. 저임 노동력, 생산시설 그리고 국경의 개념에 큰 부가가치를 부여하기보다는 데이터와 기술에 기반한 생산활동이 더욱 가치를 부여받게 되는 세상으로 변화된 것은 글로벌 공급망 변화로 이어질 수밖에 없다.

새로운 보급률
사이클에 투자하자

생산 측면에서 생산함수 변화가 눈에 띈다면 소비 측면에서는 새로운 보급률 사이클이 주목된다. 생산은 결국 수요에 기반해 움직이는데 그 커다란 수요사이클 파도가 오기 시작했다. 1990년대 인터넷 보급률 사이클을 기반으로 한 거대한 수요 파도가 왔고 2000년 후반에서 2010년대 사이에는 스마트폰 보급률 사이클이 또다시 대량 수요를 주도한 바 있다. 이제는 AI를 기반해 한 디지털 파도가 거

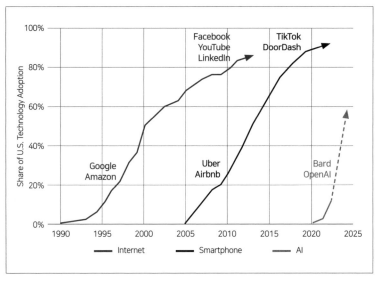

새로운 보급률 사이클 시대 개막: 인터넷 → 스마트폰 → AI 사이클

출처: visualcapitalist.com

세계 몰려오고 있다.

특히 중요한 것은 보급률 초기 사이클이다. 과거 보급률 사이클에서도 확인되듯이 초기 보급률 국면이 여타 보급률 국면보다 강하게 경제와 금융시장에 영향을 주기 때문이다.

증시를 통해
글로벌 판도 변화를 읽자

주식시장이 가끔 흥분하기도 하지만 새로운 혁신 사이클에 대한 관심이 높은 것도 역시
주식시장이다. 주식시장은 글로벌 패러다임 전환의 흐름이 투영되는 곳이다.

'백문불여일견', 즉 "백 번 듣는 것보다 한 번 보는 것이 낫다"는 격언처럼 세상의 변화를 주식시장이라는 거울을 통해 들여다볼 필요가 있다. 물론 주식시장의 흐름이 꼭 정답을 나타내는 것은 아니다. 간혹 주식시장이 펀더멘털보다 과도한 반응, 즉 버블 현상을 보일 수 있고, 혹은 너무 앞서갈 수도 있기 때문이다.

그럼에도 불구하고 세상 사람들의 생각 변화를 반영하는 급격한 패러다임 전환 흐름이 주식시장에 투영되고 있다. 글로벌 주식시장의 특징을 간략하게 정리해보면 다음과 같다.

매그니피센트7이
세상을 주도하는 중이다

매그니피센트7의 비중은 2023년 말 기준으로 S&P500 전체 시가총액의 약 30%다. 미국 경제와 산업이 대형 기술주 기업에 의해 주도되고 있는 가운데 시총 1위를 두고 애플과 마이크로소프트 간 경쟁이 치열해지고 있다. 2010년대 스마트폰 사이클의 상징인 애플에 1990년대 인터넷 사이클을 대변했던 마이크로소프트가 도전장을 내민 것이다.

여기에서 중요한 점은 마이크로소프트가 AI를 선도하면서 애플을 위협하고 있다는 것이다. 앞에서도 지적했듯이 AI 보급률 사이

| 매그니피센트7 내 경쟁이 치열해지고 있음 | 매그니피센트7의 시가총액이 중국 시가총액 역전 |

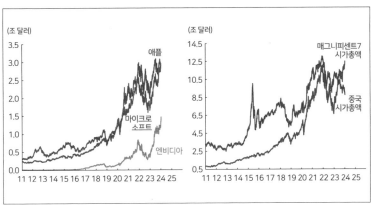

출처: Bloomberg, CEIC, 하이투자증권

클이 시작되었고 그 자리를 두고 각축전이 본격화되고 있다. 아직은 애플 및 마이크로소프트와는 시총규모에서 괴리가 있지만 AI 사이클을 대변하는 엔비디아가 강하게 부상하고 있음은 전 세계적인 AI 사이클의 기대감을 반영하는 것이다.

미-중 패권경쟁의
승자는 아직 미국이다

미-중 패권경쟁 및 공급망 재편의 승자를 벌써 논하기에는 이른 시점이다. 그럼에도 불구하고 현재까지 미국은 기술혁신 사이클을 주도하면서 공급망 재편에서도 일단 승기를 잡고 있는 분위기다. 매그니피센트7 시가총액이 이미 중국 시가총액을 넘어섰음이 이를 의미한다.

여기에는 매그니피센트7의 급격한 성장이 한몫을 했지만 중국 증시의 사실상의 몰락도 큰 영향을 미쳤다. 미-중 갈등 증폭과 함께 중국을 둘러싼 각종 불확실성이 글로벌 자금의 탈중국으로 이어지면서 중국은 물론 중화권 증시에 엄청난 악영향을 주고 있음도 간과하기 어려운 부분이다.

다만 중국의 역공도 만만치 않다. 중국은 전기차, 이차전지 및 태양광 3대 업종에 집중하면서 미국의 각종 규제에 맞서기 시작했다. 중국 역공의 최종 결과가 어떻게 될지 주목할 필요가 있다.

리쇼어링은 물론 니어쇼어링 및
프렌드쇼어링의 정책 효과를 주목하자

미국의 최대 수입국은 중국이 아니라 이제 멕시코다. 중국은 15년 만에 1위 자리를 내놓았다. 미국과 중국 간 밀접한 교역관계를 의미하는 '차이아메리카' 자리를 '아메리카 퍼스트(미국 우선주의)'에 기반한 리쇼어링, 니어쇼어링 및 프렌드쇼어링이 메꾸고 있다. 미국과 중국 간 교역관계가 이전으로 복원되기는 거의 불가능해졌고 추가로 악화되지 않은 것만 해도 다행이다.

이러한 분위기는 증시 흐름을 통해서도 확인되고 있다. 니어쇼어링 국가는 물론 프렌드쇼어링 국가 증시가 호황을 기록중이다. 대표적으로 일본의 부활을 언급하지 않을 수 없다. 일본 증시의 강한 랠

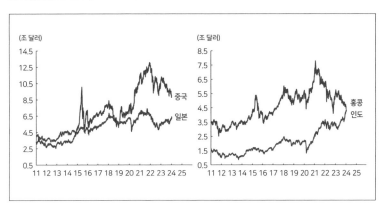

일본과 중국 증시 시가총액 　　　 인도와 홍콩 증시 시가총액

출처: Bloomberg, CEIC, 하이투자증권

리에는 일본은행의 초완화적 정책 효과도 있지만 공급망 재편 과정에서 일본이 큰 수혜를 받고 있음도 무시하기 어렵다. 아직 일본 시가총액이 중국 시가총액을 넘어서기에는 다소 힘에 부치지만 격차가 크게 줄어들고 있는 현상은 공급망 재편의 결정체다.

인도와 홍콩 간의 시가총액이 역전을 앞두고 있음도 주목되는 현상이다. 글로벌 생산거점으로 중국 대체지로 거론되고 있는 인도 증시의 성장은 프렌드쇼어링 효과의 또 다른 시그널이다. 미-중 갈등으로 인해 4년째 하락중인 중화권 증시 여파와 함께 아시아 금융 허브로서 홍콩의 위상 추락이 인도와 홍콩 간 시가총액 역전 현상을 가시권에 들어오게 하고 있다.

한국의 넛크래커 상황도 주식시장에 반영되고 있다

한국은 미-중 갈등, 글로벌 공급망 재편, 중국 리스크 부각 및 일본 부활 등 대외환경의 변화뿐 아니라 대내적으로는 인구 사이클, 부채 리스크 등으로 신넛크래커 국면에 직면했다. 신넛크래커로 인한 단기적 성장 둔화가 문제인 것이 아니라 한국의 투자 매력도 및 중장기 성장 잠재력 둔화 리스크에 대한 우려의 목소리가 커지고 있다는 게 진짜 문제다.

이른바 새우등 경제 리스크가 주식시장을 통해 확인되고 있다. 즉

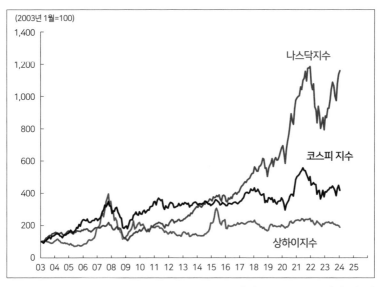

한국-미국-중국 주가 추이 비교

(2003년 1월=100)

나스닥지수

코스피 지수

상하이지수

출처: Bloomberg, CEIC, 하이투자증권

미국의 강한 주가 랠리를 따라가지 못하고 중국 주가의 장기 하락세와는 구분되는 어중간한 추세를 한국 주식시장이 유지중이다. 한국 경제가 대내외적으로 직면한 신넛크래커 돌파가 시급히 필요하다.

'피크 코리아'의 해답도
기술혁신에서 찾자

피크 코리아의 우려가 커지고 있음은 너무도 분명하다.
기술혁신을 통해 끓는 물에서 나올 수 있을지가 피크 코리아를 좌우할 것이다.

잠재해 있는 피크 코리아 리스크를 해소하기 위한 해법을 찾기는 쉽지 않다. 부채 및 인구 그리고 사회적 갈등 리스크 등 피크 코리아 리스크를 촉발시키는 요인은 단기적 처방보다 구조개혁 및 사회적 분위기 전환을 위한 중장기 계획을 통해 풀어나가야 하기 때문이다. 그렇다고 장기적 대책만을 쳐다보면 피크 코리아 위기를 맞이할 수도 있다.

외부 환경에 능동적으로 대처하지 못한 채 안주하다가 서서히 죽어가는 것을 뜻하는 '끓는 물 속 개구리 증후군(Boiled Frog Syndrome)'은 2013년 매킨지글로벌연구소가 한국 경제를 비유한 이후 한국 경제가 어려움에 직면할 때마다 등장하는 수식어가 되고 있다. 냉철하게 비교해보면 2013년 당시보다 현재 한국 경제에 직면한 상황은 더욱 혹독하다고 할 수 있다. 2013년 당시에는 글로벌 경제가 금융위기에서 가까스로 벗어나는 국면에서 중국 성장 둔화 리스크를 맞이한 것이 한국 경제의 '끓는 물 속 개구리 증후군'을 촉발시켰다. 현재는 당시보다 한국 경제를 위협하는 리스크가 대내외적으로 복잡하고 다양하다. 2013년 끓는 물의 온도가 60도였다면 지금은 70~80도로 올라갔다고 해도 과언이 아니다.

실패하더라도 어떤 행동이라도 해야 할 시점이다. 그나마 국내 기업들이 기술혁신 사이클에 적극적으로 대처하고 있음은 긍정적이다. 결국 피크 코리아의 해답도 기술혁신에서 찾아야 할 공산이 크다. 즉, 한국 경제도 테크노믹스 패러다임으로 빠르게 전환하는 노력이 절실하다. 다가오는 기술혁신 사이클에서 뒤처지지 않기 위해서 투자 확대와 이를 지원하기 위한 적극적 규제완화 등 민관의 협력체제가 강화되어야 한다.

피크 코리아 리스크, 어떻게 대응해야 할까?

물론 이 책에서 피크 코리아의 해법을 제시하기에는 한계가 있다. 다만, 자산투자 관점에서 피크 코리아에 대응하기 위한 최소한의 방

2000년 이후 한국 시가총액 상위 10위 기업

	2000년	2005년	2010년	2015년	2019년	2021년	2023년
1	삼성전자	삼성전자	삼성전자	삼성전자	삼성전자	삼성전자	삼성전자
2	SK텔레콤	국민은행	POSCO (현 포스코 홀딩스)	현대차	SK 하이닉스	SK 하이닉스	SK 하이닉스
3	한국 통신공사 (현 KT)	한국전력	현대차	한국전력	삼성전자 (우)	NAVER	LG에너지 솔루션
4	국민은행	현대차	현대 중공업 (현 HD 한국조선 해양)	삼성물산	NAVER	삼성 바이오 로직스	삼성 바이오 로직스
5	한국전력	POSCO (현 포스코 홀딩스)	현대 모비스	삼성전자 (우)	삼성 바이오 로직스	삼성전자 (우)	삼성전자 (우)
6	포항제철 (현 포스코 홀딩스)	우리금융	LG화학	아모레 퍼시픽	현대차	카카오	현대차
7	현대차	하이닉스	신한지주	현대 모비스	현대 모비스	삼성SDI	POSCO 홀딩스
8	신한지주	LG필립스 LCD (현 LG디 스플레이)	KB금융	SK 하이닉스	셀트리온	현대차	기아
9	LG전자	SK텔레콤	삼성생명	삼성생명	LG화학	LG화학	NAVER
10	담배 인삼공사 (현 KT&G)	신한지주	기아차 (현 기아)	LG화학	POSCO (현 포스코 홀딩스)	기아	LG화학

출처: 나무위키, 하이투자증권

법은 제시할 수 있다는 생각이다.

역사적으로 2000년 이후 한국 경제와 증시는 많은 굴곡이 있었다. IMF위기, IT버블붕괴, 글로벌 금융위기, 유럽 재정위기, 팬데믹 충격 그리고 미-중 갈등 격화와 중국 불안 등으로 증시 등 한국 금융시장 역시 수차례 큰 어려움을 겪은 바 있다. 반면 2000년대 중후반 중국 투자 붐, 2016~2017년 및 팬데믹 직후 반도체 등 기술혁신 기대감은 한국 증시를 활황으로 이끌었다. 즉, 글로벌 각종 붐 사이클과 국내 수출 및 산업구조 간 매칭이 잘 이루어지는 경우 경제와 금융시장은 어느 국가보다 강한 상승 탄력을 보여왔다. 그리고 구조 전환 및 격변기를 거치면서 산업 구조도 일신되는 특징을 보였다.

한국의 시가총액 상위 10위 기업 변화를 보면 2015년을 기점으로 많은 변화가 있음이 확인된다. 반도체 업종이 부동의 위치를 차지하고 있는 가운데 인터넷, 바이오 등 주력 기업들이 부상했다. 최근에는 이차전지 열풍을 타고 관련 기업들이 상위 10위 기업 명단에 이름을 올리고 있다. 짧은 시간이지만 한국 산업 트렌드가 빠르게 변화하고 있다. 이처럼 글로벌 트렌드의 중심에 기술혁신 사이클이 있다는 점에서 향후 한국 경제를 주도할 기업 역시 글로벌 기술혁신 사이클과 높은 상관관계를 지니는 기업이 될 수밖에 없다.

전 세계적으로 가장 빠른 고령화 속도를 보이는 인구 사이클 역시 한국 경제와 산업의 테크노믹스 패러다임 전환의 필요성을 높여주고 있다. 인구 고령화는 생산성 저하를 의미하는 숙련 노동력의 부족과 임금상승을 더욱더 피하기 어렵게 할 것이다. 이를 피하기 위해서는 사람을 대체하는 새로운 생산요소의 등장이 필요한데 이는 결국 테크노믹스로 귀결된다.

과거의 사고 틀에 얽매여 세상을 바라보면 투자의 기회를 놓칠 수 있다. 없었던 것이 새롭게 등장하는 현상 그리고 그것을 가능케 하는 기술 사이클에 주목해야 다양한 투자 기회를 찾을 수 있다. 갈수록 빨라지는 기술혁신 사이클을 놓치면 자산투자도 큰 어려움에 봉착할 것이다.

선택과 집중이 그 어느 때보다
필요한 투자 시대

피크 코리아가 현실화되고 있지만, 투자를 통해
피크 코리아 위험을 피해 가는 방법을 찾아보는 노력이 필요하다.

전 세계 경제와 사회가 그동안 경험하지 못한 패러다임 변화라는 소용돌이에 들어왔다. 대외 리스크에 취약한 한국 경제는 각종 구조적 대내 리스크로 소위 복합불황 위기, 즉 피크 코리아에 직면할 위험이 커졌다. 이제는 안정보다는 불확실성이 일상화되고 각종 위기도 빈발하는 세상을 맞이할 공산이 크다. 따라서 자산투자 관점에서도 어려움이 더욱더 커질 것이다.

이와 관련해 투자 팁(Tip)을 제시하면 다음과 같다. 핵심 요지는 선택과 집중이 그 어느 때보다 필요하다는 것이다.

빅사이클,
즉 기술혁신 사이클에 편승

현재 매그니피센트7 주가 등에 대한 과열 논란이 있는 것은 사실이지만 중장기 관점에서 매그니피센트7 등이 기술혁신 사이클을 주도할 것이 분명하다. 특히, 미국 주도의 공급망 재편 가속과 더불어 글로벌 인구 사이클 역시 기술혁신 관련 수요 확대로 이어질 것으로 예상된다.

신산업 및 신제품에
관심을 갖자

주식시장은 본능적으로 늘 새로운 것에 대한 관심이 높다. 기존에는 없었던 신제품 및 신기술에 투자자금이 집중되곤 한다. 물론 그런 투자가 모두 다 성공에 이르는 것은 아니지만 성공에 대한 보상 수익률은 매우 높다.

향후 10년 동안 새로운 제품과 기술이 쏟아질 공산이 크다. 옥석은 가려지겠지만 전 세계적인 수요를 촉발시킬 신제품이 등장할 것은 분명하다. 1990년대 인터넷, 2010년대 스마트폰과 같은 거대한 보급률 사이클을 보여줄 신제품 및 신기술 등장에 주목하며 새로운 보급률 사이클에 올라타야 한다.

공급망 재편에
투자

미국 공급망 재편에 수혜를 받을 종목, 그리고 국가에 대한 투자 비중을 높여야 한다. 미국의 리쇼어링 정책 관련 업종, 그리고 니어쇼어링 및 프렌드쇼어링 정책에 수혜를 받는 국가 증시가 상대적으로 양호한 수익률을 기록할 것이다.

단적으로 일본 증시가 34년 만에 사상 최고치를 경신한 데는 수년간 실시했던 각종 정책효과, 대표적으로 슈퍼 엔저 효과도 있지만, 미국의 공급망 재편 과정에서 일본 산업이 수혜를 보고 있음도 중요한 요인으로 작용중이라는 것을 간과하지 말아야 한다.

노동력을 대체할
생산요소 혹은 기술에 투자

사람, 즉 노동력을 대체할 수 있는 생산요소와 기술에 투자하자. 선진국을 중심으로 한 인구 고령화에 따른 노동력 대체 투자는 불가피하다.

AI 및 로봇 투자 확대가 당연히 급증할 것이다. AI 수요 관련 빅사이클이 수년 내 현실화될 여지가 많다.

회피하기 어려운
고령화 산업에 주목

싫든 좋든 주요국은 고령사회 혹은 초고령사회 진입을 피하기 어렵다. 따라서 노년층과 관련된 시장은 확대될 것이며, 케어 이코노미를 주목해야 할 것이다. 2023년 1월 다보스포럼에서 '케어 이코노미(Care Economy)'라는 개념이 소개된 바 있다. 케어 이코노미가 주목받기 시작한 것은 인구 사이클과 사회구조 변화도 한몫을 했다. 전통적 가족 개념의 변화가 케어 이코노미를 더욱 촉발시키고 있다. 저출산, 고령화, 핵가족화 등 가구 구성의 변화 등으로 새로운 케어 시장(산업)이 등장한 것이다. 보스턴 컨설팅의 다른 조사에 따르면 미국 내 케어 이코노미의 규모는 무려 6조 달러에 육박한다고 한다. 이 규모는 미국의 2022년도 GDP(약 24조 달러)의 4분의 1에 해당하는 막대한 규모로, 돌봄서비스에 대한 시장이 기하급수적으로 커지고 있

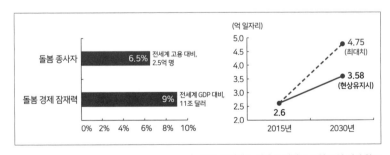

케어 이코노미 규모(좌)와 전 세계 돌봄 일자리 전망(우)

출처: 늙어가는 세계, 조선일보, 11월 19일 기사 참조

음을 알 수 있다.**

더욱이 개인소비지출은 나이와 큰 상관관계를 가진다. 아무래도 노년층이 될수록 의료 및 요양 관련 지출이 증가하는 것은 당연하다. 주요국 고령화 사이클이 결국 케어 이코노미 시장 확대로 이어질 것이다.

제조업보다 서비스업,
특히 디지털 서비스 관련 업종에 투자

내구재 등의 보급이 거의 포화상태에 이르렀고 전 세계 공장 역할을 하는 중국 내 제조업 과잉 부담은 크게 해소되지 못하면서 제조업 경기가 이전과 같은 성장 탄력을 보이기 어려운 것이 현실이다. 더욱이 소비의 중심이 상품에서 서비스, 특히 디지털 서비스 수요로 이동하고 투자 역시 유형자산 투자보다 데이터, 클라우드, 소프트웨어, AI 투자 등 무형자산 투자 중심으로 이동하는 거대한 물결을 거스르기 어렵다. 그리고 향후 디지털 서비스를 중심으로 한 소비와 투자는 점점 더 확대될 공산이 크다. 필자가 3년 전 발간한『테크노믹스 시대의 부의 지도』에서도 누차 강조했던 현상이 본격화되고 있다.

---

* '케어 이코노미'가 던질 기회와 위협, 한국일보, 2023년 11월 29일 기사 참조.

국내보다
해외투자가 대세다

최근 미국을 중심으로 한 해외투자를 의미하는 서학개미 열풍이 지속되고 있으며 앞으로도 이러한 흐름이 강화될 공산이 크다. 국내 자산규모의 성장에 비해 국내 자본시장 규모가 이를 담기에는 역부족이다. 또한 해외투자 수단이 다양화되고 편의성이 제고된 것도 해외투자 확대로 이어질 것이다. 과거 일본의 사례를 보더라도 그렇다. 일본 경제의 침체 영향도 있었지만 공교롭게도 고령화 사이클과 함께 해외투자가 급격히 늘어났던 사례가 주목된다. 또한 현실적으로 미국과 한국 투자 수익률 간의 현격한 격차가 발생하고 있다. 어디에 투자했느냐에 따른 수익률의 희비가 엇갈린다. 한국 주식시장 투자는 한숨이 나오게 하지만 미국 주식투자는 웃음을 띠게 한다. 한국과 미국 등 해외투자 간 비중을 조절할 필요성이 커지고 있다.

채권도
일정 투자 비중을 유지하자

갈등 경제는 다양한 불확실성 리스크를 의미하는 동시에 글로벌 경제의 변동성이 이전에 비해 더욱 커질 것임을 의미한다. 실제로 최근 몇 년간 글로벌 경제는 과거와 다른 성장 및 산업패턴을 보여

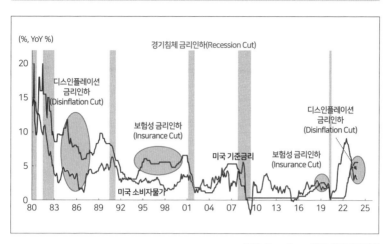

향후 1~2년은 금리인하의 시대

(%, YoY %)

경기침체 금리인하(Recession Cut)

디스인플레이션
금리인하
(Disinflation Cut)

보험성 금리인하
(Insurance Cut)

미국 기준금리

디스인플레이션
금리인하
(Disinflation Cut)

보험성 금리인하
(Insurance Cut)

미국 소비자물가

출처: Bloomberg, CEIC, 하이투자증권

주고 있다.

물론 중물가-중금리 시대가 채권투자에 유리한 환경은 아니지만
향후 1~2년간 미 연준 등 주요국 중앙은행은 고물가 현상 진정과
경기 방어 차원에서 금리인하 사이클에 진입할 것이다. 이른바 디스
인플레이션 컷(=금리인하) 혹은 경기 방어용 보험성 금리인하가 실시
될 것이다. 설사 예상과 달리 경기 침체가 발생하더라도 더욱 적극
적으로 경기침체 금리인하(Recession Cut)에 나설 것이다. 따라서 유휴
자금의 일부를 채권에 투자해 갈등 경제 리스크에 중장기적으로 대
비해야 한다.

무엇보다 2024년 하반기는 글로벌 통화정책 기조의 중요한 분수
령이 될 것이다. ECB의 기준금리 인하를 시작으로 주요국 중앙은행

들의 기준금리 인하 사이클이 본격화될 것이기 때문이다. 2022년 3월 미 연준의 금리인상으로 시작된 글로벌 긴축 사이클이 2년 3개월 만에 막을 내릴 공산이 크다. 물론 전 세계 금융시장이 주목하고 있는 미 연준의 금리인하 시점은 아직 불투명하지만 미 연준도 연내 금리인하 사이클에 동참할 가능성은 큰 상황이다. ECB를 중심으로 'Non-US(미국 외)' 주요국 중앙은행의 기준금리 인하 사이클이 경제와 금융시장에 시사하는 바는 크다.

자산가격 측면에서 기준금리 인하에 따른 글로벌 유동성 확대는 모든 자산가격의 동반 상승을 의미하는 에브리씽(everything) 랠리에 긍정적 영향을 미칠 것이다. 특히 채권가격이 가장 민감하게 반응할 것이다. 팬데믹 이전처럼 추세적 채권금리 하락, 즉 채권가격 상승을 기대하기 어렵지만 하반기 중 채권가격 단기 랠리가 현실화될 것이다.

생각의 전환이
무엇보다 중요하다

세상은 여러 측면에서 변화하고 있다. 부정적 기류 변화가 많은 것이 사실이지만 그렇다고 긍정적 측면이 없는 것도 아니다. 다만 급격한 경제 및 사회구조 변화에 더욱 신속히 대응할 필요가 커졌다. 각종 기술혁신을 동반한 디지털경제, 즉 테크노믹스 시대는 의식 및 생활습관은 물론 투자 측면에서 앞으로 많은 변혁을 초래할 것이다. 그만큼 시대에 적극 적응하고 대응하려는 노력이 더욱 절실해진 세상이다.

만약 생각이 변하지 않는다면 갈등 경제라는 부정적 상황에 매몰되어 투자의 기회를 잃을 것이다. 코로나19 팬데믹이 발생한 이후 2024년까지 글로벌 경제와 산업은 급격한 변화를 겪었다. 이 과정에서 세상을 보는 시각에 따라 투자의 성과도 큰 차이를 보였다. 즉 빠르게 생각을 전환한 투자자는 큰 수익을 얻은 반면에 기존 생각에서 벗어나지 못한 투자자는 별다른 투자 성과를 얻지 못했을 것이 분명하다. 역사적으로 보더라도 경제는 정말 생물과 같아서 각종 갈등 리스크를 이겨내기 위한 혁신 사이클 혹은 새로운 생태계를 만들어내곤 했다. 앞으로도 갈등 경제 속에서도 새롭게 전개될 혁신 사이클에 대비하기 위한 생각의 전환이 필요한 시점이다.

갈등 경제와 한국이 나아갈 길

지난 30년 이상 경제연구소와 증권회사 이코노미스트 생활을 하면서 최근처럼 국내외 불확실성 리스크가 넘쳐났던 시기는 없었던 것 같다. IMF 위기(1997년), IT버블붕괴(2000년), 글로벌 금융위기(2008년), 유럽 재정위기(2010년대 초반), 중국 위기(2015년) 그리고 코로나19 팬데믹(2020년) 등의 위기를 경험했지만 요즘과 같이 국내외 경제가 언제 그리고 어디서 터질지 모르는 지뢰밭을 걷고 있는 것은 처음이 아닐까 싶다.

글로벌 경제가 다양한 위험에 직면하게 된 원인은 이 책의 주제를 관통하고 있는 각종 갈등에서 기인하다. 중요한 것은 갈등 리스크가 앞으로 더욱 커질 수 있다는 것이다. 미국 등 선진국은 물론 중국이 해소하기 어려운 각종 구조적 리스크에 직면하면서 자국 우선주의 정책 노선이 더욱 강화될 것이기 때문이다. 대표적으로 오는 11월 실시되는 미국 대선은 그 어느 미 대선보다 세간의 이목을 집중시키고 있다. 만약 트럼프 전 대통령이 당선된다면 마가(MAGA, Make America Great Again: 미국을 다시 위대하게) 기치하에 미국과 중국 간 관계는 물론 미국과 서방국가 간 갈등을 더욱 증폭시킬 위험이 크다. 미국이 러시아 및 중국과의 전쟁에 이어 서방과의 경제 전쟁에도 직면할 가능성을 배제할 수 없다. 세상이 더욱 쪼개질 위험이 커지는 것이다.

당장 갈등 경제의 결과물 중의 하나인 인플레이션과의 전쟁은 전 세계 경제와 금융시장의 안정 여부를 좌우하는 변수가 되었다. 다행히 물가가 진정되면서 미 연준 등 주요국 중앙은행이 연내 금리인하에 나설 수 있음은 긍정적이나, 금리인하가 저물가와 초저금리 시대로의 복귀를 의미하지는 않는다. 최소한 2~3% 수준의 중물가 국면이 상당 기간 유지될 것이며 예상치 못한 갈등 리스크가 불거진다면 물가압력 재고조에 따른 금리인상 사이클 재발 현상도 빈발할 것이다.

이는 경제와 각종 자산가격에 큰 영향을 미치는 금리의 변동성을 당연히 높일 것이다. 지난 2022년 3월 시작된 미 연준의 금리인상이 예상보다 공격적으로 진행되면서 경제와 금융시장은 큰 고통을 경험했으며, 이에 전 세계 투자자들은 금리 흐름을 매일 주시하는 생활을 하고 있다. 금리 흐름을 이처럼 세상이 주목하는 것은 오랜만의 일이다. 투자자 입장에서 고민거리가 늘어난 것이다. 초저금리 시대에는 경기만을 걱정하면 되었지만 이제 투자자들이 금리뿐만 아니라 금리 변동성으로 연쇄적으로 발생할 수 있는 각종 리스크도 염두에 두어야 할 입장이다. 일례로 금리 급등시마다 부채 리스크에 기반한 각종 신용리스크가 발생할 수 있다. 우려와 달리 이번에는 심각한 신용위기가 현실화되지 않았지만 중국 부채 리스크, 미국 상업용부동산 대출 리스크 등은 언제든지 발생할 수 있는 잠재 신용위험이다.

어찌 보면 글로벌 갈등 경제 리스크를 온몸으로 받고 있는 곳이 한국 경제가 아닌가 싶다. 미-중 패권전쟁에 따른 기존 글로벌 공급망 체제 약화로 인한 글로벌 제조업 및 수출경기 부진 장기화는 국내 경기에 큰 악재가 되고 있다. 여기에 더해 중국 산업의 경쟁력 강화로 한국과 중국 간 경제적 관계가 더 이상 보완적 관계가 아닌 경쟁적 관계로 전환되면서 국내 산업에 커다란 위험 요인으로 작용하고 있다. 최근에는 중국 이커머스 업체의 공격적인 한국 시장 진출로 내수시장이 빠르게 중국산 제품에 잠식당하는 위험에 노출되고 있다. 중국과의 비즈니스 의존도가 높았던 수출기업뿐만 아니라 한국 내수 기업마저 위험에 내몰리는 또 다른 측면의 차이나 쇼크가 엄습하고 있다.

일본 경제의 부활도 한국 경제의 입장에서는 또 다른 위협이다. 일본 경제를 좀비 경제에 비유할 정도로 다소 무시해왔지만 좀비 일본 경제가 마침내 부활할 가능성이 커졌다. 2010년 초부터 추진된 아베노믹스 정책과 기시다 내각의 신자본주의 정책 효과가 일본 경제와 주식시장을 부활시키고 있는 것이다. 미국과 일본 간 밀월관계 역시 일본 경제에 긍정적 영향을 미치고 있다. 미국의 공급망 재편에 일본 산업들이 큰 수혜를 볼 여지가 커졌다. 미국이 주도하는 AI 중심의 기술혁신 사이클에 일본의 소부장(소재, 부품 및 장비) 산업 역할이 커질 공산이 크다. 좀 과장해서 비유하자면, 미국이 AI를 통해 뇌를 만든다면 일본은 몸체를 만드는 시나리오다.

이 과정에서 한국 경제 및 산업이 주목할 것은 주요국 총공급정책 변화다. 그동안 전 세계는 초저금리와 양적완화로 대변되는 유동성 확대 정책을 통해 총수요 확대에 주력해왔다. 돈을 풀어서 수요와 경기를 살리는 정책을 주력해왔지만 바이드노믹스와 현재 일본 기시다 내각의 신자본주의 정책은 공급능력 확대를 통해 경기를 살리는 정책으로 전환되었다. 대표적으로 미국의 반도체 과학법 및 인플레이션 감축법은 자국 기업은 물론 해외 기업들의 미국 내 생산 기반을 확대하는 정책인 동시에 미국 제조업 부문의 공급 능력 확대 정책이다. 여기에 디지털 전환 및 에너지 패러다임 전환을 위한 각종 인프라 투자 확대 역시 공급능력 확대 정책이다. 일본 역시 미국과 유사한 공급정책을 추진중이다. 중국도 첨단부문에서 경쟁력 강화를 위해 '고품질 발전 전략'을 통해 자국 첨단산업 육성에 나서고 있다. 사실상 주요국 모두 총수요 정책에서 총공급 확대 정책으로 전환한 것이다.

문제는 한국의 경우 뚜렷한 공급확대 정책이 눈에 띄지 않으며 오히려 미국-중국-일본의 경쟁적 공급확대 정책에서 피해를 볼 가능성이 커지고 있다. 초고령화, 고부채, 사회적 갈등 등으로 내수 부진의 장기화라는 구조적 리스크를 안고 있는 한국 경제 입장에서 급격한 글로벌 경제 및 산업재편 소용돌이로 한국 경제가 돌이키기 어려운 피크 코리아에 직면할 위험이 커지고 있음을 인식할 필요가 있다.

글로벌 공급망 재편 속, 한국 경제 위치는?

그렇다고 한숨만 내쉬고 있을 수만은 없다. 돌파구를 찾기 위한 노력이 필요하며, 그 돌파구 중 하나가 바로 테크노믹스이다. 3년 전 필자가 낸 『테크노믹스 시대의 부의 지도』에서 지적한 바와 같이 전 세계가 경제, 산업 및 일상생활에서 예상보다 빠른 속도로 기술이 지배하는 시대로 변모하고 있다. 따라서 경제 및 산업 체질을 빠르게 기술 중심으로 변화시킬 필요가 있다. 앞서 미국과 일본이 강조하는 공급확대 정책은 기본적으로 생산함수에 포함된 노동, 자본의 확대 정책인 동시에 기술이라는 생산요소 능력을 배가시키려는 정책이다.

한국 역시 이러한 흐름에 재빠르게 편승할 필요가 있다. 그나마 다행인 것은 한국은 IT 산업을 기반한 AI부문에서도 주요국의 상위권에 위치하고 있다. AI 시대에 적응할 능력을 보유하고 있는 것이다. 다만, 시간은 많지 않다. 국가별 AI지수에서 미국이 앞서가고 있고 중국이 바짝 따라가고 있다. 기술혁신 사이클의 특성상 승자가 AI 수혜를 독식할 수밖에 없다. 따라서 미국은 차치하더라도 아시아에서 중국이 한국보다 AI부문에서 빠르게 앞서간다면 한국 경제가 AI 사이클을 가져올 수 있는 파이 사이즈는 크게 줄어들 것이다. 하루

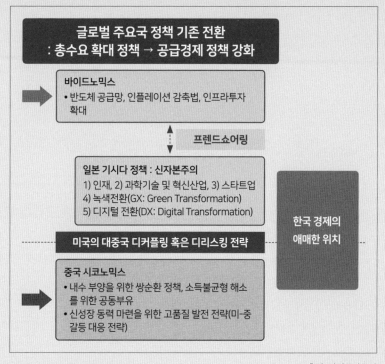

글로벌 공급망 재편과 한국의 위치

글로벌 주요국 정책 기존 전환
: 총수요 확대 정책 → 공급경제 정책 강화

바이드노믹스
• 반도체 공급망, 인플레이션 감축법, 인프라투자 확대

프렌드쇼어링

일본 기시다 정책 : 신자본주의
1) 인재, 2) 과학기술 및 혁신산업, 3) 스타트업
4) 녹색전환(GX: Green Transformation)
5) 디지털 전환(DX: Digital Transformation)

미국의 대중국 디커플링 혹은 디리스킹 전략

중국 시코노믹스
• 내수 부양을 위한 쌍순환 정책, 소득불균형 해소를 위한 공동부유
• 신성장 동력 마련을 위한 고품질 발전 전략(미-중 갈등 대응 전략)

한국 경제의 애매한 위치

출처: 하이투자증권

빨리 대내적 구조적 리스크를 해소하면서 동시에 기술 중심의 경제 및 산업구조 재편을 서둘러야 피크 코리아를 피할 수 있을 것이다.

자산시장 투자와 관련해서는 맨 마지막 장(선택과 집중이 필요한 투자 시대)에 언급한 팁을 다시 상기시키고자 한다. 빅사이클, 즉 기술혁신 사이클에 편승하기 위해 신산업 및 신제품에 관심을 갖자. 그리고 투자의 시각을 넓혀 국가 및 산업 측면에서 공급망 재편에 투자할 필요가 있다. 전 세계의 고령화사회는 피하기 어려운 현실이라는 측면에서 노동력을 대체할 생산요소 혹은 기술에 투자하자. 그리고 제조업보다 서비스업, 특히 디지털 서비스 관련 업종에 투자하고 다양한 투자상품을 통해 국내투자보다 해외투자의 투자 비중을 늘리는 전략이 필요하다. 마지막으로 금리인하 사이클에 대비해 채권도 일정 투자 비중을 유지하는 투자를 권고한다.

금리상승기, 곧 다가올 위기를 대비하라

경제흐름을 꿰뚫어보는 금리의 미래

박상현 지음 | 값 16,000원

이 책은 투자자들에게 가장 민감한 금리의 흐름과 금리가 미칠 영향을 면밀히 분석·진단하고 있다. 저자는 이코노미스트로 오랫동안 금융시장 현장의 체험과 집필한 리포트를 활용해 투자자들과 일반 독자에게 향후 금융시장, 금리 변화를 이해하고 리스크를 관리하는 데 도움을 주기 위해 이 책을 썼다. 이 책으로 과거의 저금리 시대를 정리해보고, 숨어 있는 리스크도 짚어보고, 미래의 금리를 전망해볼 수 있을 것이다.

기술이 경제를 이끄는 시대의 투자법

테크노믹스 시대의 부의 지도

박상현·고태봉 지음 | 값 17,000원

테크노믹스란 기술이 경제를 이끄는 새로운 경제 패러다임이다. 이 책은 사람들의 일상과 경제의 흐름을 완전히 바꿔놓은 코로나 팬데믹 현상을 계기로, 테크노믹스 시대를 전망하고 이를 투자적 관점으로 바라보는 내용을 담고 있다. 현 시대의 흐름을 하나의 경제적 변곡점으로 바라보며 최종적으로 미래의 부가 움직일 길목에 대해 진지하게 고민한 흔적이 담긴 이 책을 통해 투자에 대한 통찰력을 얻을 수 있을 것이다.

인공지능이 경제를 이끄는 시대의 투자법

AI 시대의 부의 지도

오순영 지음 | 값 19,800원

생성형 AI 같은 기술의 놀라운 성장에 따라 분석, 예측 및 개인화 기술이 놀랍도록 성장했다. 금융 IT 분야의 전문가인 저자는 생성형 AI 기술을 자산관리에 사용하는 데 도움이 될 내용을 담았다. 이 책은 AI 시대를 채우고 있는 기술, 기업, 비즈니스를 어떻게 받아들여야 하는지, AI 시대에 무엇을 보고 어떻게 해석해야 할지를 알려주고 있다. 지금은 AI 시대를 해석하는 능력이 곧 부의 추월차선을 결정하는 시대이기 때문이다.

경제의 신은 죽었다

다가올 5년, 미래경제를 말한다

유신익 지음 | 값 21,000원

이 책은 미국의 정책이 글로벌 금융시장을 지배하는 방식 및 기존의 경제이론으로는 해석되지 않는 글로벌 경제-금융의 순환고리에 대해 MMT(현대화페이론)을 기반으로 명쾌하게 분석하고 있다. 미국 경제와 금융시장의 흐름, 그리고 앞으로 펼쳐질 미국의 금융통화정책과 통상정책을 이해하는 데 현 시점에서 최고의 지침서로, 특히 글로벌 경제에 대한 현실적인 분석뿐 아니라 향후의 대책과 대응의 방편까지 제시한 점이 돋보인다.

거스를 수 없는 주식투자의 빅트렌드, 로봇

최고의 성장주 로봇 산업에 투자하라   양승윤 지음 | 값 18,000원

로봇 산업이 현대 사회의 핵심 산업으로 떠올랐다. 인공지능과 로봇공학의 발전으로 이 산업은 전례 없는 성장세를 보이며 새로운 혁신을 이끌어내고 있는 만큼 향후 수년간 투자 여건이 형성될 것으로 보인다. 로봇 산업의 태동과 성장으로 투자기회는 보이지만, 아직은 이 분야가 생소한 이들에게 이 책은 로봇 산업 전반에 대한 흐름을 짚어줌으로써 투자에 대한 큰 그림을 그릴 수 있게 돕는다.

미래를 읽고 부의 기회를 잡아라

곽수종 박사의 경제대예측 2024-2028   곽수종 지음 | 값 19,000원

국내 최고 경제학자 곽수종 박사가 세계경제, 특히 미국과 중국 경제의 위기와 기회를 살펴봄으로써 한국경제의 미래를 예측하는 책을 냈다. 미국과 중국경제에 대한 중단기 전망을 토대로 한국경제의 2024~2028년 전망을 시나리오 분석을 통해 설명하고 있는 이 책을 정독해보자. 세계경제가 당면한 현실과 큰 흐름을 살펴봄으로써 경제를 보는 시각이 열리고, 한국경제가 살아남을 해법을 찾을 수 있을 것이다.

다가올 현실, 대비해야 할 미래

지옥 같은 경제위기에서 살아남기   김화백·캔들피그 지음 | 값 19,800원

이 책은 다가올 현실에 대비해 격변기를 버텨낼 채비를 해야 된다고 말하며 우리에게 불편한 진실을 알려준다. 22만 명의 탄탄한 구독자를 보유한 경제 전문 유튜브 '캔들스토리TV'가 우리 모두에게 필요한 진짜 경제 이야기를 전한다. 지금 우리는 경제위기를 맞닥뜨려 지켜야 할 것을 정하고 포기해야 할 것을 구분해서 피해를 최소화해야 될 때다. 이 책은 현재 직면한 위기를 바라보는 기준점이자 미래를 대비하기 위한 하나의 발판이 되어줄 것이다.

돈의 흐름을 아는 사람이 승자다

다가올 미래, 부의 흐름   곽수종 지음 | 값 18,000원

국가, 기업, 개인은 늘 불확실성의 문제에 직면한다. 지금 우리가 직면한 코로나19 팬데믹과 러시아-우크라이나 전쟁 등은 분명한 '변화'의 방향을 보여주고 있다. 국제경제에 저명한 곽수종 박사는 이 책에서 현재 경제 상황을 날카롭게 진단한다. 이 책에서는 인플레이션 압력과 경기침체 사이의 끝을 가늠하기 어려운 경제위기 상황 속에서 이번 위기를 넘길 수 있는 현실적인 방안을 모색한다.

■ 독자 여러분의 소중한 원고를 기다립니다

메이트북스는 독자 여러분의 소중한 원고를 기다리고 있습니다. 집필을 끝냈거나 집필중인 원고가 있으신 분은 khg0109@hanmail.net으로 원고의 간단한 기획의도와 개요, 연락처 등과 함께 보내주시면 최대한 빨리 검토한 후에 연락드리겠습니다. 머뭇거리지 마시고 언제라도 메이트북스의 문을 두드리시면 반갑게 맞이하겠습니다.

■ 메이트북스 SNS는 보물창고입니다

메이트북스 홈페이지 www.matebooks.co.kr

책에 대한 칼럼 및 신간정보, 베스트셀러 및 스테디셀러 정보뿐만 아니라 저자의 인터뷰 및 책 소개 동영상을 보실 수 있습니다.

메이트북스 유튜브 bit.ly/2qXrcUb

활발하게 업로드되는 저자의 인터뷰, 책 소개 동영상을 통해 책에서는 접할 수 없었던 입체적인 정보들을 경험하실 수 있습니다.

메이트북스 블로그 blog.naver.com/1n1media

1분 전문가 칼럼, 화제의 책, 화제의 동영상 등 독자 여러분을 위해 다양한 콘텐츠를 매일 올리고 있습니다.

메이트북스 네이버 포스트 post.naver.com/1n1media

도서 내용을 재구성해 만든 블로그형, 카드뉴스형 포스트를 통해 유익하고 통찰력 있는 정보들을 경험하실 수 있습니다.

STEP 1. 네이버 검색창 옆의 카메라 모양 아이콘을 누르세요. STEP 2. 스마트렌즈를 통해 각 QR코드를 스캔하시면 됩니다. STEP 3. 팝업창을 누르시면 메이트북스의 SNS가 나옵니다.